Trilhando o caminho com
SAI
BABA

CB040667

Howard Murphet

Trilhando o caminho com
SAI BABA

Edição revista

Tradução
Roberta Valle

Revisão técnica
Palmerin de Sá

5ª edição

NOVA ERA

CIP-BRASIL. CATALOGAÇÃO-NA-FONTE
SINDICATO NACIONAL DOS EDITORES DE LIVROS, RJ

M96t
5ª ed.

Murphet, Howard, 1906-2004
   Trilhando o caminho com Sai Baba / Howard Murphet; tradução
de Roberta Valle. – 5ª ed. – Rio de Janeiro: Nova Era, 2010.

   Tradução de: Walking the Path with Sai Baba
   Apêndices
   Inclui bibliografia
   ISBN 978-85-7701-201-5

   1. Sathia Sai Baba, 1926-. 2. Gurus – Índia – Biografia. 3. Vida
espiritual – Hinduísmo. I. Título.

09-2082.

CDD: 922.945
CDU: 929.233

Título original em inglês
Walking the Path with Sai Baba

Copyright © 1993 by Howard Murphet

Primeira publicação por Samuel Weiser, York Beach, ME, U. S. A.
como *Walking the Path with Sai Baba.*

Editoração eletrônica: Abreu's System

Este livro foi revisado segundo o novo Acordo Ortográfico da Língua Portuguesa.

Direitos exclusivos de publicação em língua portuguesa para o Brasil
adquiridos pela EDITORA NOVA ERA um selo da
EDITORA BEST SELLER LTDA.
Rua Argentina, 171, parte, São Cristóvão
Rio de Janeiro, RJ – 20921-380
que se reserva a propriedade literária desta tradução

Impresso no Brasil

ISBN 978-85-7701-201-5

Seja um leitor preferencial Record
Cadastre-se e receba informações sobre nossos lançamentos
e nossas promoções.

Atendimento e venda direta ao leitor:
mdireto@record.com.br ou (21) 2585-2002

Ela circulará pela Terra, incorporada e límpida,
A sua Verdade viva.

— Sri Aurobindo
"Uma Obra Divina"

Volte-se, Jerusalém;
Sua Glória viaja no vento.
Ele chegou; Ele chegou;
Ele voltou!

— de uma música sobre Sai Baba,
de Dennis Gersten

Sumário

CAPÍTULO 1

Sai Baba e você

"Vocês são Deus", ouvi Sai Baba dizer a pessoas que questionam sua divindade. Diante dessa afirmação, o inquiridor talvez reaja com perplexidade ou descrédito. Pode também nada aparentar, como se a afirmação — mesmo que aceitável academicamente — não tivesse nada a ver com a realidade. No entanto, essa é a verdade espiritual básica sobre nossa identidade humana que Baba está tentando transmitir.

As sementes dessa verdade foram plantadas há muito tempo na sabedoria dos *Upanishads** da Índia e têm sido fertilizadas ao longo dos séculos por grandes mestres, inclusive Jesus, que disse: "Eu estou em meu Pai, e vocês em mim e Eu em vocês" (Jo 14,20).

No entanto, nossa tendência tem sido ignorar — ou usar como atenuante — as afirmações de nossos líderes espirituais. Conhecendo nossas fraquezas e vícios, não há dúvida de que

---

* *Upanishads* são a parte final dos Vedas que tratam da filosofia Vedanta. (*N. do R.T.*)

parece tolice, se não blasfêmia, pensar em nós mesmos como divinos. E assim seguimos em frente ao longo dos anos e das monopolizadoras gerações, como nos é revelado em nosso sonho mortal, sem perceber que estamos sonhando, ou que existe um sonhador para além do sonho.

Mas, se aceitássemos, apenas como hipótese de trabalho, que nós, seres humanos, somos de alguma forma incompreensíveis partes de Deus — raios divinos, talvez, refletindo Sua imagem em diversos espelhos, ou sementes lançadas no seio da terra pela Divina Árvore —, nesse caso, em que seríamos diferentes dos que louvamos como messias, mensageiros divinos ou avatares?

Um escritor americano certa vez disse a Sai Baba: "Se somos o que você diz, então somos avatares — divindades que desceram à Terra na forma humana." Alguns devotos sentados na sala ficaram ofendidos com essa afirmação presunçosa. Entretanto, em parte ela é verdadeira; em parte, não. A diferença básica é esta: o avatar está consciente de sua descida e conhece sua identidade divina. Nós, ao contrário, não estamos conscientes de nossa descida e encontramo-nos em total ignorância a respeito de nossa identidade.

Esse é o erro mortal, ou senso de separação (o pecado original), no qual nascemos. Swami* explicou isso ressaltando amavelmente que a única diferença entre nós e ele reside no fato de que ele sabe quem é, enquanto nós, que somos essencialmente da mesma natureza, não sabemos disso. Muito tempo atrás,

---

* Na tradição hindu, Swami é um título de respeito dado a pessoas espiritualizadas, capazes de grandes renúncias, consideradas santas. Os devotos de Saí Baba referem-se a Ele, geralmente, dessa forma. (*N. do R.T.*)

Buda deu uma explicação semelhante a seus discípulos — só que usou a palavra *Buda* significando Ser Iluminado, em vez da palavra *Deus*.

De acordo com o pensamento hindu, já houve muitas descidas nesse sentido avatárico de um ser Iluminado à Terra. Eles são conhecidos como profetas, santos, deuses, e assim por diante. Cada um deles está consciente, em algum grau, de sua identidade com Deus. As escrituras hindus deixam claro que esses raios do Divino variam em brilho e, portanto, em seu impacto sobre o destino de todos os seres na Terra.

Contudo, cada um tem um importante trabalho a fazer, conduzindo a humanidade em direção à verdade. O filósofo desencarnado conhecido como Seth[*] chama-os de "oradores", e concorda com as afirmações dos antigos livros de que eles têm estado entre nós regularmente por intermédio das lendárias e esquecidas eternidades do passado.

Nessa galáxia de mestres autodidatas, aparece de tempos em tempos uma estrela brilhante que se torna conhecida como um avatar maior. Ele é um avatar evolucionário que chega no momento exato para dar à humanidade um novo impulso em sua evolução. Este momento coincide com aquele em que as forças retrógradas parecem estar dominando, e a humanidade está destinada à destruição total. O avatar pleno ajuda-nos a passar pela grande crise, permitindo-nos aprender com seu sofrimento e viver uma nova revelação. Parece que somente a própria Mão de Deus pode salvar o barco humano das rochas da destruição e guiá-lo por uma nova rota segura.

---

[*] Ver *Dizeres de Seth*, de Jane Roberts.

Algumas pessoas — existem muitas delas — não acreditam que um Avatar de Deus é necessário, ou mesmo possível. Elas acham que, de Seu estado transcendente nas alturas — seja lá o que isto signifique —, Deus pode localizar as forças escuras que estão trabalhando contra o plano divino, pôr as coisas em equilíbrio de novo e nos colocar no caminho certo.

Todas as coisas são possíveis ao Deus onipotente, é claro, e Seus caminhos e métodos estão além de nosso entendimento. No entanto, muitos dos que mergulharam fundo na metafísica desse vasto assunto, dos tempos antigos até hoje, acreditam que os maiores e mais poderosos avatares participaram do drama cósmico. Sai Baba aborda esse tema de forma simples: "Você tem de pular na água para salvar quem está se afogando." O sábio e poeta Aurobindo de Pondicherry escreveu sobre a necessidade de avatares:

> Aquele que fizer baixar os céus
> Deverá descer Ele próprio ao barro
> E o fardo da natureza terrena suportar
> E trilhar o doloroso caminho.*

Deixando os difíceis conceitos metafísicos de lado, nossa experiência mostra que, de tempos em tempos, aparece na Terra alguém mais que humano — alguém cujos poderes sobre-humanos e natureza sublime são claramente demonstrados a todos que passam algum tempo com ele. Esses seres grandiosos causam forte impacto nas pessoas de suas épocas, sendo muito

---

* Sri Aurobindo, de um poema intitulado "Uma obra divina", em *A conduta oculta.*

amados por alguns e muito odiados por outros. E assim, evidentemente, tornam-se figuras controversas. Jesus Cristo foi uma delas; Sai Baba é outra.

No entanto, as águas de 2 mil anos têm corrido sob a ponte do tempo desde que o Messias de Deus foi pregado a uma cruz. Já está mais do que na hora de termos uma melhor compreensão de Deus, da natureza e dos seres humanos.

Podemos começar deixando de considerar as "leis da natureza" algo fixo, irrevogável, capaz de incluir tudo. Devemos percebê-las como elas são — nossa tentativa de dar uma explicação coerente e sistemática aos fenômenos naturais que encontramos. Mas, como nossa exploração ainda não alcançou as águas profundas da natureza, nossas leis são interpretações de dados parciais. À medida que avançamos na física subatômica e, no plano externo, nas galáxias do cosmo, surgem novos dados, e novas leis da natureza — frequentemente anulando as antigas — são formuladas. Revisões, alterações, algumas vezes inversões das explicações estão em processo desde os primórdios da ciência, e tudo continuará a ser assim até que o mais profundo segredo da natureza seja revelado. E, dentro dos domínios do presente estágio de nossa consciência terrena, isso nunca acontecerá.

A exploração da aparente divisibilidade infinita do átomo está levando a mente humana para além de si própria — para ideias e conceitos que não são mais racionais. Até os axiomas básicos do pensamento lógico precisam ser abandonados. Explicações cabíveis parecem solicitar a lógica paradoxal dos insights místicos. Então, as novas e mais aceitáveis leis da natureza que têm de ser formuladas parecerão contradizer algumas das antigas leis — assim como os milagres.

Santo Agostinho compreendeu o que muitas pessoas não compreendem até hoje. Ele escreveu: "Milagres não acontecem em contradição com a natureza, mas apenas em contradição com as atuais leis da natureza dos homens."*

Aceitando ou não os milagres dos tempos antigos — aqueles de Krishna, Buda, Cristo —, o fato é que os milagres de Sai Baba vêm acontecendo, para serem vistos por qualquer pessoa, já há cinco décadas. Eles foram testemunhados, experienciados e atestados por centenas de homens e mulheres inteligentes de diversos países e dignos de confiança.

Incidentalmente, foi por ter experienciado os milagres de Sai e provado a mim mesmo sua inegável autenticidade que passei a acreditar nos milagres dos tempos antigos, e adquiri uma nova concepção de algo maravilhoso, sempre em transformação, que chamamos de natureza. Compreendi, então, que a Era dos Milagres não havia passado. Ela é agora; sempre foi, sempre será.

Hoje, para entender e aceitar a realidade do miraculoso, talvez seja preciso enxergá-lo em relação a nós próprios, pois essa é uma relação verdadeiramente real. Quando testemunhamos e experimentamos os poderes miraculosos, a sabedoria e o amor puro de Sai Baba, percebemos que existe um enorme oceano entre ele e nós. De fato, existe um oceano, e seu nome é "ignorância". Baba pode continuar nos dizendo repetidamente que somos unos com ele, que somos o mesmo que ele, parte da mais alta Divindade, mas, mesmo assim, não conseguimos cruzar o Golfo da Ignorância. Se pudéssemos encontrar o barco para na-

---

* F. C. Happold, *Mysticism* (Nova York: Viking Penguin, 1963).

vegar por essas extensas águas e ver a luz da aurora na distante costa do golfo, então teríamos conhecimento de coisas maravilhosas e seríamos livres para sempre.

A coisa mais esplêndida que iríamos perceber — não por interferência, não porque alguém nos disse, e sim por conhecimento direto e intuitivo — seria com certeza que (como Swami repete) somos de fato unos com Deus, com toda a vida, com todo o universo. Duas coisas importantes resultariam desse firme conhecimento. Primeiro: seríamos libertados da servidão aos desejos e do anseio dos sentidos; e segundo: seríamos inundados por um amor desinteressado, generoso, que é um atributo permanente da Divindade. Estando então acima e além dos egocêntricos apelos carnais da natureza, nos encontraríamos com poder sobre a natureza. Poder que, do ponto de vista ordinariamente humano, parece ser miraculoso.

O gêmeo desse poder divino, nascido simultaneamente da mesma mãe, é, como dissemos, o amor divino. Isso nos impedirá de usar o recém-adquirido poder de modo destrutivo e prejudicial.

Contudo, será útil à nossa compreensão notar que existem níveis de poder extraordinários — alguns deles manifestam-se diante da plena luz da aurora da sabedoria, bem distante do Golfo da Ignorância.

Mesmo na morte, quando abandonamos os grilhões limitantes do corpo e nos encontramos em um dos planos sutis intermediários, poderemos nos surpreender ao descobrir que temos certos poderes "miraculosos". Isso foi ensinado em alguns dos escritos sobre o pós-morte. *O livro tibetano dos mortos*, por exemplo, revela:

Tu és realmente dotado com o poder da ação miraculosa (poder de mudar tua forma, tamanho, número, poder de aparecer como um ou muitos, de aparecer ou desaparecer segundo tua vontade)... Tu podes chegar instantaneamente a qualquer lugar que desejares; tu tens o poder de alcançar o lugar no tempo que um homem levaria para dobrar ou para estender a própria mão... Nada está lá [de tais poderes] que tu possas desejar e que não possas exibir.

Diferentes segmentos do psiquismo moderno apoiam os ensinamentos antigos e confirmam que esses poderes e outros, como telepatia e clarividência, são comuns à alma desencarnada em certos planos pós-morte.

Tais faculdades psíquicas são inerentes a nós enquanto ainda estamos aprisionados ao corpo físico e, ocasionalmente, revelam sua presença na forma de clarividência, telepatia, precognição ou de alguma outra forma. Para a maioria das pessoas, isso é mais ou menos como uma porta se abrindo e se fechando, rapidamente; mas, para alguns indivíduos, uma ou mais dessas faculdades psíquicas permanecem ativas, em um estado parcialmente manifestado, por anos ou até mesmo por toda uma vida — são os clarividentes, os quiromantes, e assim por diante.

No entanto, tais poderes são parciais, imperfeitos e incompletos quando comparados com nossos inerentes poderes divinos. Eles são um tipo de casa no meio do caminho entre as naturezas humana e divina. Ilustram o ponto no qual mantemos, interiormente, as sementes dos atributos divinos.

Patanjali e outros grandes sábios que expõem a filosofia do ioga ensinam que, pela prática certa, técnicas de autocontrole e autodisciplina, muitos de nossos inerentes poderes "miraculosos" frutificam e permanecem sob o domínio de nossa vontade enquanto ainda estamos no corpo físico. Uma parte essencial do treinamento do ioga é desenvolver o caráter moral do aluno para que ele não use os poderes iogues que se manifestam de maneira errada. Além disso, o propósito desse intenso exercício da força de vontade, conhecido como Raja Yoga, é alcançar a união com Deus. Os poderes que se manifestam ao longo do caminho não são o objetivo. Se o aluno os tratar como tal, terá fracassado.

Quando compreendemos a profunda psicologia ensinada por Bhagavan Sai Baba — sobre nossos poderes latentes e nosso alvo divino —, percebemos que não há nada estranho, distante ou que confunda a mente na fluência dos milagres de Sai. Notamos que Swami está nos revelando o que Deus é e, portanto, o que nós somos. Ele está nos mostrando o que somos potencialmente e o que nos tornaremos verdadeiramente ao jogar fora os vínculos de tempo e espaço e seguir seu caminho.

Podemos, se quisermos, ver nosso verdadeiro ser refletido nele; ver que ele é, de fato, o Ser real de cada um de nós. Swami, como todos os grandes Professores, faz uso de parábolas e alegorias para revelar grandes verdades em diferentes níveis de compreensão. Desse modo, todos se beneficiam de seus ensinamentos. Eu mesmo penso nos milagres dele como parábolas em ação porque transmitem, mais dramaticamente do que as parábolas, o que nós somos e o que nos tornaremos.

Em palavras, ele diz: "Dentro de você está o poderoso oceano de néctar divino." Desse oceano, virão a alegria, o amor e a criatividade que ele está sempre demonstrando. Ao observar atentamente as parábolas de Sai, transmitidas tanto em ação quanto em palavras, aprendemos mais rapidamente a nos desviar do doloroso caminho da Terra para o Caminho do Deleite Divino.

CAPÍTULO 2

Cura psíquica e divina

"Contempla o fato de que tu és feito inteiro, e não peques mais" (Jo 8,11), disse Jesus a um homem que ele acabara de curar. Essa enigmática observação contém a chave para os mais profundos níveis da arte da cura. Quando o corpo está doente, a causa reside além dele. Pesquisas médicas estão revelando que até o resfriado tem sua origem na mente. Viroses são preocupantes sim, mas é certo estado mental negativo que permite que o vírus penetre e se torne ativo, resultando em uma condição desequilibrada e doente. Atualmente, a classe médica está considerando um número cada vez maior de enfermidades como doenças psicossomáticas. Mas, certamente, não concordaria com o fato de que todas as doenças se originam de condições mentais e emocionais — ainda que no fim isso possa ser comprovado.

A maioria das doenças responde aos tratamentos da ciência médica moderna. No entanto, há muitas que não respondem e, desse modo, qual é — se houver — a cura? É claro que existem outras terapias que podem ser experimentadas e, na prática, muitas tiveram sucesso onde a medicina ortodoxa falhou. Mesmo assim, a medicina reluta em admitir esse fato e tem lutado para manter o lucrativo comércio da cura apenas para si.

Contudo, entre os médicos, em nível individual, há notáveis exceções a essa regra. Alguns estão se unindo a grupos de cura holística que visam a tratar a pessoa por inteiro — corpo, mente e alma. Outros se uniram a pesquisas terapêuticas que a classe médica em geral trata com profunda desconfiança.

Uma delas é a cura paranormal, um método de tratamento que vem acontecendo há muito tempo em diversas partes do mundo. No entanto, durante algumas décadas, ele se concentrou em duas áreas — nas Filipinas e no Brasil. Os pesquisadores visitaram ambos os lugares, mas as equipes de pesquisa, incluindo médicos e cientistas, dirigiram-se em grande parte para as Filipinas. As descobertas geraram muita publicidade, mas, ao julgar a pesquisa pelas sérias anotações dos próprios membros das equipes,* grande parte da publicidade criou inúmeros disparates e acabou com uma percepção errada dos fatos.

A publicidade ressaltou as fraudes, dando a impressão de que todo o fenômeno filipino era um simulacro. Mesmo assim, os pesquisadores descobriram, juntamente com algumas falcatruas, uma grande quantidade de fenômenos genuínos e algumas curas bem-sucedidas. Pesquisas revelaram também alguns fatos interessantes sobre os métodos de motivação dos curandeiros e sobre as forças que trabalham por seu intermédio.

---

* *Healers and the Healing Process*, editado por George W. Meek (Wheaton, IL: Theosophical Publishing House, 1977).

Após o contato com alguns pacientes que voltaram das Filipinas (alguns curados, outros não), minha esposa e eu decidimos conferir pessoalmente. Pela observação direta, seria possível compreender qual era realmente a situação. Algumas questões precisavam ser respondidas: tudo não passava de um engano, ou alguns eram curandeiros genuínos e bem-sucedidos em seus esforços paranormais? Qual era o poder que emanava deles? As pessoas abandonadas pela ciência médica ocidental tinham alguma chance de cura nas Filipinas?

Estávamos planejando visitar o maior Curandeiro Divino na Índia, então resolvemos fazer uma parada nas Filipinas e tentar colher diretamente algumas informações sobre as curas paranormais de lá. Foi assim que, munidos de uma lista de nomes de curandeiros e vagas indicações de seus possíveis paradeiros, aterrissamos em Manila. Não teríamos tempo para uma investigação minuciosa, mas esperávamos poder observar alguns curandeiros trabalhando. Assim, estaríamos aptos a tirar uma conclusão — ao menos satisfatória para nós mesmos, e talvez do interesse de outros.

Durante a "cirurgia" do primeiro curandeiro visitado, estávamos com um grupo de mais ou menos vinte pacientes em um tipo de capela, um lugar meio escuro na luz cinzenta do amanhecer. Uma indescritível atmosfera bolorenta que encontramos em alguns centros espíritas também foi percebida. Há muito tempo, tento analisar a causa dessa típica atmosfera psíquica, e pude apenas supor que ela é resultado da presença de espíritos não evoluídos e apegados à Terra. De qualquer modo, a atmosfera definia o centro de cura como espírita. Do nosso ponto de vista, isso não o condenava, mas apenas sugeria sua natureza.

Quando o curandeiro, um camarada amável, soube que estávamos lá para observar, convidou-nos para entrar na sala de operações. Lá, ele pegou meu dedo indicador e segurou-o a uma distância de mais ou menos 45 centímetros da pele exposta de um de seus pacientes. Então, fez um rápido movimento descendente no ar, como se meu dedo fosse uma faca. Um arranhão de alguns centímetros surgiu na pele do paciente, bem abaixo de onde o movimento foi feito.

Eu já tinha ouvido falar desse fenômeno psicocinético praticado por alguns curandeiros e fiquei satisfeito em testemunhá-lo, apesar de desapontado ao ver que a abertura feita não era mais que um arranhão profundo. Entretanto, parecia ser tudo de que o curandeiro precisava. Depois de limpar o sangue da abertura, ele começou a tirar o que pareciam ser pequenos fios de material fibroso do sangue, mostrando-os ao paciente.

No segundo paciente, um ocidental que se encontrava sobre a mesa de operação, o cirurgião paranormal não fez incisão alguma, mas começou a retirar o que pareciam ser pequenos pedaços de pele próximo dos órgãos genitais do homem. As pontas dos dedos dele pareciam tocar a superfície da pele sem penetrá-la, e, no entanto, os pedaços de "pele" chegavam até eles. Antes de permitir que o paciente se levantasse da mesa e saísse do quarto, ele retirou uns seis ou sete pedaços, atirando-os em uma vasilha com água.

Ao seguir o homem até a capela, soube que ele estava sofrendo de uma inchação na próstata e que aquela era sua terceira sessão na mesa de operação. Durante essas operações, em que o curandeiro afirmava estar tirando carne de sua próstata inchada, ele nunca sentiu qualquer dor ou sensação ruim. Aquela fora sua última sessão, e o curandeiro assegurou-lhe que sua próstata estava de volta ao tamanho normal. Ele parecia otimista quanto a isso, mas não inteiramente confiante, pois o curandeiro não deixou que ele levasse os supostos pedaços de matéria de sua próstata.

Mas, se não eram de lá, como foi afirmado, de onde vinham os pedaços? Eles não estavam nos dedos do curandeiro quando ele iniciou a operação. Nós (isto é, um amigo, minha esposa, que é uma enfermeira treinada, e eu) assistíramos bem de perto e poderíamos ter detectado qualquer escamoteação. Realmente nos pareceu que os pedaços de matéria semelhantes a carne haviam sido transportados até os dedos do cirurgião, ou saído do interior do corpo ou de algum lugar fora dele. Mas se era de fato a carne do próprio paciente, por que o curandeiro não o deixara levá-la para ser analisada? E estaria o homem realmente curado?

Ao descobrir que o paciente era australiano, peguei seu endereço, esperando poder checar algum tempo mais tarde se havia-se comprovado ou não uma cura genuína. Dois anos depois, encontrei-o na Austrália e descobri que ele ainda tinha a próstata inchada. Não houve qualquer melhora aparente com a cirurgia paranormal.

Falhar numa cura não é, evidentemente, algo pelo qual devemos condenar um curandeiro. Até mesmo nossos melhores médicos cometem falhas e, por vezes, alguns deles chegam a cometer pequenas fraudes se isso for ajudar psicologicamente a cura.

Nesse curandeiro em particular, não detectamos trapaça alguma. No entanto, mais tarde, em Hong Kong, encontramos uma senhora que havia trabalhado com ele por um tempo. Ela disse que a abertura na pele a distância era um processo genuíno, mas, quando seu poder paranormal estava baixo, o curandeiro recorria a truques. Segundo ela, ele teria um pedaço de gilete escondido em um chumaço de algodão. Enquanto limpava a pele, ele a arranhava com ela, executando imediatamente depois o ato de apontar o dedo. O leve arranhão não apareceria claramente até que o gesto do dedo-cortante fosse feito, quando então pareceria produzido pelo misterioso poder paranormal.

Um estudo sobre a situação indica que a principal causa de falcatruas entre os curandeiros é a ganância. Muitos anos atrás, quando as curas paranormais eram praticadas em vilas simples, eles recebiam apenas modestas recompensas materiais. Passavam por treinamento paranormal e mediúnico, mas não eram curandeiros em horário integral. Trabalhavam no campo e curavam os doentes quando era preciso. Qualquer pagamento recebido não os tornava mais ricos que os outros camponeses com os quais moravam. Eles tinham o dom da cura, e sua maior motivação era o desejo de curar.

Mas depois vieram as multidões do Ocidente, em busca de curas maravilhosas, prontos a pagar grandes quantias por esses serviços. Alguns curandeiros mudaram-se para cidades e centros turísticos para explorar a situação. Sonhos de riqueza faziam com que eles aceitassem todos os que chegavam. O fluxo diário de pacientes estrangeiros cresceu muito, exigindo o dispêndio de mais e mais poder paranormal.

O poder psíquico tem seus limites e, quando se enfraquece, o que fazer? Fingir. Se o paciente acredita que ele é autêntico, terá o efeito requerido de elevar a crença, o efeito placebo, um ingrediente importante em toda cura. Mesmo sem qualquer cura imediata, os relativamente saudáveis pacientes ocidentais faziam doações substanciais aos fazedores de milagres, acreditando que a cura viria com o passar do tempo, como o curandeiro lhes havia assegurado.

Milhares de pessoas fizeram tais doações, e alguns curandeiros são agora ricos proprietários. Contudo, ao ganhar materialmente pelo uso exagerado de seus poderes, ao trocar o desejo compassivo de curar pelo desejo egoísta de riqueza, seus poderes paranormais enfraqueceram-se. Então — com alguns durante a maior parte do tempo, e com a maioria por algum tempo —, as trapaças e mágicas fazem parte de suas operações psíquicas.

Uma curandeira que nunca teve qualquer trapaça detectada, segundo um levantamento feito por pesquisadores estrangeiros, é Josephine Sisson. Foi relatado que ela realizou algumas curas excepcionais — é uma mulher reputada como o exemplo da honestidade. O interessante é que ela ainda vive e trabalha na aldeia em que nasceu.

Para visitá-la, descemos da região montanhosa de Baguio e conseguimos um quarto em um pequeno hotel logo na extremidade da cidade de Urdaneta. É um lugar quente, porém agradável, com grandes e verdes planícies de arroz estendendo-se até o horizonte. Curiosamente, a maioria dos curandeiros paranormais nasceu em vilas com esses viçosos arrozais, mas muitos deles acabam se mudando.

Do hotel, contratamos um carro para nos levar à aldeia de Josephine, chamada Baronggabong. O proprietário enviou uma de suas garçonetes para atuar como intérprete. Após percorrer alguns quilômetros da rua principal de Manila, viramos em uma estrada suja e esburacada. Depois de nos arrastarmos cerca de 5 quilômetros em baixa velocidade por essa estrada, chegamos à aldeia de Baronggabong. Todas as casas têm telhado de sapê, paredes frágeis, e patos, porcos e galos andando livremente em torno delas.

O motorista não precisou que a garçonete o guiasse até a rua Pig-Pen. Lá, ele parou em frente à casa onde já havia vários carros parados. Era o consultório de Josephine.

Ele tinha a mesma atmosfera simples de fazenda que as outras casas, mas em frente havia uma capela pequena e asseada. Assim que entramos, vimos um homem que afirmava ser o tio de Josephine lendo a Bíblia em inglês no altar. Após a leitura, ele pregou, sobretudo o poder da oração na cura. Havia cerca de vinte pessoas presentes, no meio delas um grupo de americanos. A capela estava limpa e clara.

Quando o culto terminou, duas mulheres entraram e se sentaram no altar. Eu soube intuitivamente qual das duas era Josephine: ela tinha um rosto doce e gentil, com grandes e expressivos olhos negros.

A capela também servia de consultório. As pessoas dirigiam-se ao altar na ordem em que estavam sentadas nos bancos. De onde estávamos, podíamos ver Josephine tratando delas. Mas queríamos olhar ainda mais de perto, portanto decidimos nos tornar pacientes.

Quando chegou nossa vez, subimos no altar. Iris disse à curandeira que sentia, havia muito tempo, umas pontadas, vez por outra, na região dos rins. Josephine pegou um pedaço de papel e, com um lápis, escreveu distraidamente algumas letras estranhas. Eu já tinha ouvido falar que, quando ela não conseguia obter um diagnóstico satisfatório por meio da clarividência ou da clariaudiência, usava a psicografia. Portanto, no pedaço de papel estava, evidentemente, o diagnóstico.

Ela colocou Iris sobre a mesa de operação, fechou as cortinas em volta para nos isolar das pessoas sentadas nos bancos e pediu a Iris que descobrisse o abdome até o quadril. Como eu era o marido, deixaram-me ficar. Fiquei bem ao lado das mãos de Josephine enquanto ela trabalhava.

Ela começou apertando a parte inferior do abdome de Iris com ambas as mãos, os dedos entrando na pele. Um lago de sangue espalhou-se sobre o abdome dela. O sangue era limpo o tempo todo pela outra mulher, que devia ser a assistente de Josephine. Com os olhos a não mais de alguns centímetros das mãos da curandeira, eu podia ver claramente os dedos dela entrando no corpo de Iris, além da primeira junta, e o sangue escorrendo em torno deles. Contudo, ele parecia de uma cor um pouco mais clara e de consistência mais fina do que a do sangue normal. A razão disso, eu não sei.

Pouco depois, Josephine retirou um fino fragmento de metal corroído de mais ou menos 2,5 centímetros de comprimento e mostrou-me com uma expressão de surpresa.

— De onde surgiu isso? — perguntei.

— Não sei. Acabou de vir aos meus dedos.

Ela o entregou a mim e continuou a explorar. Logo tirou outro fragmento de metal — do mesmo tipo, embora um pouco menor.

— Eles não fariam nenhum bem aos seus rins — disse a Iris, e entregou-me o segundo pedaço. A paciente estava completamente consciente, vendo tudo, mas não sentia nada.

Josephine continuou a exploração por um tempo, banhando os dedos de vez em quando em uma tigela de água que estava sobre a mesa. Às vezes, ela retirava um pedaço de material fibroso do sangue, examinava-o e colocava-o em um recipiente, no qual também se encontravam os chumaços de algodão encharcados de sangue. Quando o procedimento terminou, a pele se fechou sem deixar marcas.

Eu era o próximo a deitar na mesa de operação. Decidi falar com ela sobre minha má audição no ouvido direito. Alguns anos antes, um especialista na Austrália dissera que a causa era provavelmente a oclusão de um vaso sanguíneo ligado ao ouvido. "Não há cura, mas você se acostumará com isso", ele declarou.

Enquanto eu me encontrava na mesa de operações, minha esposa viu Josephine extrair algo que parecia ser um cisto escuro debaixo da pele, próximo ao ouvido direito. Eu não vi nem senti nada.

— Agora você ficará bem — Josephine assegurou-me.

— Mas minha audição não está melhor.

— Ela ficará melhor, gradativamente, com o passar do tempo.

Se havia um obstáculo amortecendo o nervo, levaria algum tempo para que tudo voltasse ao normal. Então aceitei sua declaração e fiquei esperançoso.

No final da sessão, o nome de Sai Baba foi mencionado em nossa conversa. A reação de Josephine ao ouvir o nome dele foi impressionante. Os olhos dela acenderam-se; o rosto sereno tornou-se radiante e animado.

— Sai Baba! — repetiu. — Ele me ajuda às vezes. Sua presença... Sua vibração é tão forte, tão poderosa! Ah! Eu não consigo expressá-la...

Ela parecia não ter palavras.

Quando dissemos que estávamos no caminho para ir ver Sai Baba, ela pediu: "Por favor, deem a ele o meu amor." Tivemos a impressão de que, qualquer que fosse sua habilidade como curandeira, Josephine era honesta, cristalina e tinha uma qualidade verdadeiramente espiritual.

Ao atravessar a pequena capela, sentíamo-nos enlevados, e ficamos satisfeitos ao ver que nossos nomes estavam na longa lista para quem Josephine e seu religioso tio rezariam diariamente "até que fossem curados", como ele nos assegurou.

Quanto aos dois fragmentos de metal corroído, pensamos bastante sobre eles. Ben Felix, um antigo teosofista e engenheiro aposentado de Manila, disse-nos que aquele era um tipo de metal magnético que viaja dentro do corpo. Então, Iris começou a achar que eles poderiam estar ligados a uma operação de enxerto ósseo na espinha vertebral a que se submetera na Inglaterra havia uns trinta anos. Seria possível que esses dois fragmentos — um com um pequeno gancho na ponta — fossem restos de um clipe cirúrgico quebrado deixado por engano em seu corpo? Segundo ela, sim.

Mais tarde, mostramos os fragmentos a um médico que executara muitas operações em soldados feridos na Inglaterra durante a Segunda Guerra Mundial. Ele confirmou que realmente pareciam clipes cirúrgicos usados em operações ósseas naquela época.

"Muito provavelmente eles são de um clipe deixado em seu corpo", ele disse a Iris, depois de ouvir sobre sua operação na Inglaterra e sobre a nada ortodoxa cirurgia executada nas Filipinas.

Existe certamente algum poder psíquico, não físico, no trabalho dos cirurgiões e curandeiros das Filipinas. Eles próprios parecem não ter dúvidas de que é um poder espiritual. Os curandeiros não conhecem nada de anatomia e fisiologia e não praticam quaisquer regras de higiene médica, mas foram treinados por médiuns espíritas.

Quando estão tratando de um paciente, os curandeiros ficam em um tipo de transe de luz, às vezes chamado de "união mística". Eles estão conscientes, mas, em níveis diferentes, são possuídos ou ofuscados por algum outro poder consciente que manipula suas mãos — para abrir o corpo e realizar intervenções cirúrgicas, ou para transportar força curativa para o corpo.

Os curandeiros têm formação oriunda do Catolicismo Romano, mas pertencem à União Espírita Cristã das Filipinas (Unión Espiritista Cristiana de las Filipinas), que a Igreja Romana não aceita. No entanto, muitos dos curandeiros parecem ser pessoas ardentemente religiosas, imbuídos de uma fé simples. Uns dizem que é o Espírito Santo de Deus trabalhando por eles. Alguns nomeiam um Santo Cristão como "protetor". Outros são vagos sobre o assunto e não identificam o poder curativo que vem pela mente e pelas mãos

Embora as curas sejam essencialmente mediúnicas, sejam eles instrumentos de um poder maior do que sua individualidade, são por vezes chamados de "curandeiros da fé". Talvez a fé no poder Divino, compartilhada tanto pelo paciente quanto pelo curandeiro, seja parte de qualquer cura genuína que aconteça.

Na verdade, diz-se que a abertura do corpo e a visão do sangue têm realmente o propósito de aumentar a crença na mente dos sofisticados pacientes das cidades e das terras ocidentais. Em suas aldeias, antes de se tornarem famosos mundialmente, os curandeiros trabalhavam principalmente com a "imposição" das mãos à maneira dos curandeiros da fé. Os ingênuos pacientes realmente acreditavam no poder dos espíritos que trabalhavam por seu intermédio para realizar as curas necessárias.

Vergillio Guttierez, um curandeiro que tem um centro de cura em Manila, utiliza amplamente a técnica da imposição das mãos, embora também seja hábil na cirurgia psíquica do corpo-aberto. Nós o consideramos um homem humilde, despretensioso e amável, capaz de fazer diagnósticos incríveis, usando simplesmente as mãos para captar as vibrações nas diferentes partes do corpo.

Dessa forma, a mais leve desarmonia em qualquer órgão do corpo revela-se a ele, que nomeou, para mim e minha esposa, as diferentes doenças das quais sofríamos desde a infância, além de outras enfermidades correntes. Ele provou ser mais preciso e meticuloso em seus diagnósticos do que todos os médicos especialistas que eu, até então, havia consultado — com a possível exceção do curandeiro de Steiner, o Dr. Siegfried Knauer.

No entanto, não foi possível verificar suas habilidades curativas, pois estávamos programados para deixar as Filipinas no dia seguinte a nosso encontro. Quando dissemos a ele que estávamos a caminho da Índia, ele disse:

— Ah! Vocês devem ir ver Sai Baba enquanto estiverem lá.

— Este é o propósito de nossa viagem.

— Ah, bem, diga a ele que o "falso curandeiro" está bem — disse, sorrindo. Soubemos que ele fora ver Swami e havia sido rotulado de "falso curandeiro". É claro que ele não se ofendeu com isso, pois sabia que se tratava de uma brincadeira travessa de Baba com as palavras "curandeiros da fé".*

Depois da visita a Guttierez, fomos almoçar em nosso restaurante vegetariano favorito, e lá conversamos com um jovem casal que víramos aquela manhã sentado entre os pacientes na capela de Guttierez. Eles disseram ser de Melbourne, Austrália.

O marido, que estava com câncer, fora desenganado pelos médicos, mas esperava por uma cura milagrosa nas Filipinas. Curiosamente, foi por intermédio de um amigo nosso, o Dr. Ian Gawler, que o casal decidira fazer essa última e desesperada tentativa. Eles ouviram falar no caso do Dr. Ian Gawler pela mídia australiana, e resolveram contatá-lo. Ele sugeriu que tentassem Vergillio Guttierez.

---

* No original, em inglês, "fake healer" (falso curandeiro) e "faith healer" (curandeiro da fé). (*N. do E.*)

Eles estavam visitando Guttierez já há algumas semanas quando os encontramos, e o marido disse que estava sentindo algumas mudanças no corpo que podiam ser significativas. Entretanto, ele não parecia muito otimista em relação a uma cura.

Estávamos bastante esperançosos de que esse nosso conterrâneo pudesse, em algum lugar, e em algum momento, encontrar uma cura, pelo bem de sua jovem esposa e de seus filhos.*

Isso nos leva ao caso de nosso excelente amigo, cirurgião veterinário, Ian Gawler. Um tratamento prolongado de câncer ósseo por métodos médicos ortodoxos resultara na amputação de uma das pernas, mas não produzira melhora alguma em sua condição. Como uma última e desesperada medida, ele decidiu tentar os curandeiros paranormais filipinos.

Durante duas visitas cobrindo vários meses, Ian consultara-se com mais ou menos 15 diferentes curandeiros paranormais. Seis deles, incluindo Vergillio Guttierez, foram, segundo ele, "consistentemente úteis".

Na verdade, após os meses de tratamento nas Filipinas, fora dito a Ian que seu câncer estava curado, mas que ele deveria ir até Sai Baba, na Índia, para uma cura mental que iria assegurar que a doença não retornasse.

Segundo o Dr. Gawler, ele era cético por natureza, e o treinamento científico fortaleceu ainda mais seu ceticismo. Então, ainda que os sintomas não estivessem mais lá, ele achava que talvez não estivesse realmente curado, que poderia ser apenas uma "recessão".

---

* Dois anos depois, soubemos que o rapaz navia morrido em Melbourne.

Assim, ele e a esposa, Gayle, decidiram que, apenas por precaução, deveriam ir à Índia para tentar ver Sai Baba. A coisa mais importante era que Ian retornasse à boa saúde.

Quando chegaram à Índia, descobriram que Swami estava visitando Ootacamund (Ooty) nas montanhas Nilgiri, onde ele mantém uma escola para crianças. Eles foram até lá e esperaram no meio da multidão no jardim. Quando Baba saiu para dar o *darshan*,* convidou Ian e Gayle para entrar e, ao cruzar a entrada da sala de entrevista, ele olhou para Ian e disse: "Você já está curado!"

A confirmação feita pelo próprio Curandeiro Divino era exatamente o que Ian precisava para remover as dúvidas remanescentes e estabilizar sua fé. Então, Swami produziu *vibhuti*** para ele e derramou amor sobre os dois.

Eles permaneceram perto do Senhor Sai por tanto tempo quanto foi possível, aquecendo-se em sua aura de amor e de graça divinos, confiantes de que Ian estava conseguindo obter aquela profunda cura interior que removeria as raízes da terrível doença e preveniria qualquer recorrência. Depois de uma breve e necessária viagem à Austrália, eles voltaram aos pés de Sai e permaneceram por um tempo mais longo "apenas para aproveitar mais este amor e graça".

---

* *Darshan* literalmente significa "visão" e refere-se à visão do Senhor, o que é considerado pelos hindus uma graça divina. Na época em que este livro foi escrito, Sai Baba concedia seu divino *darshan* diariamente, duas ou três vezes. Hoje em dia, ter a graça de vê-lo é algo mais raro. (*N. do R.T.*)

** *Vibhuti*: cinza produzida milagrosamente pelas mãos de Sai Baba e doada a seus devotos com a facilidade de cura ou purificação espiritual. (*N. do R.T.*)

Graças à determinação e à persistência, Ian Gawler conseguiu, ele acreditava, uma cura por intermédio dos curandeiros psíquicos das Filipinas. Sai Baba confirmou isso quando disse "você já está curado". Além do mais, ambos se sentiam confiantes, certos de que o trabalho interior da alquimia divina de Baba iria manter a doença mortal permanentemente distante. Esse era um pensamento maravilhoso, reluzente de esperança para o futuro.

Isso foi há muitos anos, e o tempo confirmou a expectativa deles. O Dr. Gawler reconstruiu sua carreira na Austrália. O casal tem agora duas crianças (nascidas desde a cura) e uma vida feliz e normal — graças às curas psíquica e divina, somadas àquela fé essencial e positiva e à vontade de viver e ter saúde.

Pesquisadores declaram que não há uma estatística que lhes possibilite dizer qual a proporção de curas reais, mas alguns estimam que haja uma pequena proporção substancial de curas que acontecem em um período de tempo (semanas ou meses), como no caso de Ian Gawler. Parece que uma boa porcentagem de pacientes obtém algum alívio em suas condições, embora não uma cura completa. Iris, por exemplo, acha que a fraqueza de seus rins melhorou desde que Josephine Sisson retirou os fragmentos de um clipe cirúrgico deixado para trás por um cirurgião descuidado. Eu pertenço ao que a pesquisa apresenta como a maior categoria: aqueles que não obtêm absolutamente benefício algum. A audição pelo ouvido direito não melhorou como Josephine me garantiu que aconteceria. Talvez meu nome ainda esteja nas bandeirinhas de oração penduradas em sua capela, e — quem sabe? — oração mais fé e tempo possam eventualmente dissolver qualquer que seja o carma ruim que esteja me causando essa incapacidade.

O trabalhador é merecedor de seu ofício, como cita a Bíblia. Mas, se o trabalhador só pensar em recompensas materiais, ele não será de muita utilidade no vinhedo da cura psíquica. Além do enfraquecimento de seu poder, ele poderá atrair o tipo errado de forças e tornar-se uma influência negativa, fazendo mais mal do que bem a seus pacientes. Essa é uma situação a que as pessoas devem estar atentas.

Mas sabemos por experiência pessoal que existem pelo menos alguns curandeiros que não parecem estar preocupados com recompensas materiais. Se você faz uma doação a Josephine, por exemplo, coloca o dinheiro em uma gaveta, e ela mesma não presta atenção alguma ao que você fez. Guttierez é outro que nos deu a impressão de não estar nem um pouco preocupado com o que o paciente coloca na caixa de doações, ou se ele contribui com alguma coisa. Existem outros, entretanto, que sabem muito bem como exercer pressão psicológica para garantir que os pacientes lhes façam grandes doações. Com eles, você sente que é comércio durante todo o tempo, desde o início.

Nossas observações confirmaram as conclusões dos pesquisadores. Nas Filipinas, encontramos um cenário bastante misturado — uma combinação de fracassos e sucessos, falcatruas e poder psíquico real, comercialização e desejo sincero e simpático de curar os doentes. A "cirurgia" psíquica espiritual tem seu lugar no amplo espectro das artes curativas, mas não pode ser classificada como a cura divina de um Mestre iluminado.

Nem sempre é melhor para nosso bem-estar espiritual nos aliviarmos de nossas dificuldades em determinado ponto. O compassivo Mestre iluminado sabe exatamente quando uma cura pode e deve ser efetuada e quando as profundas raízes de uma doença devem ser arrancadas rapidamente, ou retiradas gentil e docemente.

O paraquedista

Quando o vi pela primeira vez, na antessala de Swami, em Brindavan, Whitefield, eu nunca poderia supor que aquele homem tivesse sido o paraquedista campeão da Força Aérea indiana. Ele parecia tão gentil e humilde, com aquela intensa espiritualidade brilhando nos olhos negros.

O humilde Sri A. Chakravati foi e é um espiritualista honesto e despretensioso; por gerações, seus ancestrais foram os gurus hereditários de uma aldeia ao leste de Bengala, onde ele nasceu. Contudo, quando foi solicitado dele, como filho mais velho, que assumisse a posição do pai após sua morte, ele não aceitou, considerando-se indigno de tão alta e responsável posição espiritual.

Ele tinha 17 anos na época e começou a trabalhar em um jornal em Calcutá, ao mesmo tempo em que prosseguia os estudos de pós-graduação na universidade de lá. Antes de a Segunda Guerra Mundial estourar e de ingressar na Força Aérea, ele já havia concluído mestrado em letras. Ao prestar um exame especial, recebeu o posto de piloto oficial. Chakravati reunia as qualidades que rapidamente o promoveram ao posto de líder de esquadrilha e a coragem que o tornou paraquedista campeão da Força Aérea.

No fim da guerra, ele estava no comando da escola de paraquedismo da Índia. Oficiais Seniores da Força Aérea britânica e outros oficiais importantes vinham da Grã-Bretanha para visitar sua escola, e ele também foi ao Reino Unido em várias ocasiões. Lá, recebia tratamento vip.

"Eu me tornei muito orgulhoso", ele disse. Achei difícil acreditar nisso. Mas ele deve ter cometido alguns erros, e sem dúvida sua rápida promoção e seu reconhecimento acabaram lhe proporcionando um punhado de inimigos invejosos. Sem qualquer causa aparente, ele se viu subitamente transferido para um remoto posto da Força Aérea em Jammu.

Não lhe reservaram quarto de casal, e a única casa que ele encontrou tinha o teto furado e um sistema de calefação bastante inadequado aos frios meses em que se encontravam. Chakravati preocupou-se com o desconforto, já que a esposa estava grávida de seu primeiro filho. A criança nasceu morta. Além disso, em consequência de erros médicos, segundo ele, a mulher contraiu uma doença no útero que, por ser contagiosa, foi transmitida ao marido.

Todos os médicos que eles consultaram lhes disseram que se tratava de uma doença rara e incurável, e que não poderiam ter mais filhos.

Era uma situação muito triste e melancólica. Sem poder ter filhos, com a carreira sem perspectiva e condenados a sofrer de uma desagradável doença até o fim da vida, o casal achou consolo em um livro sobre os grandes santos indianos. Quando chegaram à vida de Sai Baba de Shirdi, um raio de luz iluminou o coração deles. Por repetidas vezes, eles leram a história em voz alta um para o outro. Ela lhes trazia calor e conforto quando estavam juntos na fria casa com o teto furado.

Então eles começaram a rezar: "Sai Baba, se você ainda estiver em algum lugar na Terra, deixe-nos ir até você." Eles não sabiam de sua encarnação como Sathya Sai, mas obviamente tinham esperanças de que ele pudesse estar, de algum modo, em algum lugar.

Pouco tempo depois, o líder de esquadrilha A. Chakravati foi transferido para Jallahalli, perto de Bangalore. Logo, fez amizade com outro bengali, o Dr. D. K. Banerjee, que na época era professor de química orgânica no Instituto de Ciências All India, em Bangalore.

Foi outra pessoa, entretanto, que contou a Chakravati a grande notícia de que um santo iogue chamado Sathya Sai Baba tinha um *ashram** em Puttaparthi, a 160 quilômetros ao norte de Bangalore. O coração do líder de esquadrilha saltou ao ouvir esse nome. Ele sentiu que aquele devia ser o Sai Baba a quem havia rezado tantas vezes tão ardentemente.

Ele conversou com o amigo Banerjee a respeito.

— Vamos vê-lo juntos; você tem carro — disse ao cientista.

Banerjee hesitou.

— Ouvi várias coisas sobre ele. Não, não estou animado a ir.

---

* *Ashram* é o local onde o guru e seus discípulos residem. (*N. do R.T.*)

Mas Chakravati estava decidido a ir e achava que o amigo deveria ir também. Repetiu o convite persistentemente durante as semanas que se seguiram, até que, finalmente, Banerjee concordou em ir.

Tudo isso aconteceu no fim de 1961, antes de Swami ter uma residência em Whitefield, perto de Bangalore. Em 18 de novembro de 1961, os dois amigos, juntamente com outro cientista do Instituto, partiram pela acidentada estrada que cortava as montanhas áridas até uma remota aldeia ignorada por todos os postes de indicação, exceto um, que mencionava Puttaparthi apologeticamente em escrita rústica.

Nos portões do *ashram*, um menino correu e lhes ofereceu uma chave com as seguintes palavras surpreendentes:

— Baba reservou o quarto número 9 para você e seu companheiro, o Dr. Banerjee.

Como não haviam enviado mensagem alguma sobre sua ida até lá, Chakravati ficou encantado e impressionado. O Dr. Banerjee, não.

Deixaram as malas no quarto número 9 e caminharam até a frente do Mandir, naquela época um prédio muito menor do que o de hoje. O sol se havia posto, e a escuridão surgia. Havia apenas um simples globo de iluminação na frente do prédio, onde cem pessoas esperavam pelo *darshan*. Os três recém-chegados aguardavam também.

De repente, lá estava Baba, de pé na varanda.

— Senti que ele era alguém que eu havia perdido há muito tempo e que agora reencontrara — disse Chakravati. — Lágrimas começaram a descer por meu rosto. Fiquei feliz por estar na escuridão sob as árvores.

Pouco depois, Baba mandou alguém chamá-los para uma entrevista. Quando entraram no quarto, Swami teve uma atitude estranha. Abraçou o Dr. Banerjee e disse enigmaticamente:

— Então, você veio, finalmente... — (Será que isso significava que Banerjee fora um devoto em uma vida anterior?) E Swami deu ao doutor outra bênção: produziu um medalhão no ar e o entregou a ele.

Após falar aos três por mais ou menos quarenta minutos sobre assuntos espirituais, Baba voltou-se para Chakravati e fez com que ele juntasse as mãos em forma de concha. Acima delas, Swami estendeu as palmas das mãos, ondeando gentilmente para frente e para trás. *Vibhuti* verteu das palmas divinas num fluxo constante até encher as mãos em concha de Chakravati.

— Coma-o! — disse Baba. Foi um pouco difícil, mas o líder de esquadrilha comeu.

No dia seguinte, o grupo foi chamado para outra entrevista durante a qual Swami materializou coisas para Banerjee e para o outro cientista. E de novo instruiu Chakravati a juntar as mãos em concha como antes. Novamente Baba ondeou as mãos até que as mãos de Chaleravati se enchessem de *vibhuti*. Mais uma vez, o oficial da Força Aérea tem de ingerir a cinza sagrada, e de consumir toda a grande quantidade. "O sabor era delicado", disse ele.

Na manhã seguinte ao retorno deles a Bangalore, Chakravati descobriu, para sua total surpresa, que estava livre da doença "incurável". Ainda mais espantoso foi o fato de sua esposa ter-se curado também. As duas doses de *vibhuti* proporcionaram uma cura dupla.

Cerca de um mês depois, Chakravati e o Dr. Banerjee levaram as esposas a Puttaparthi. Durante a entrevista, Swami perguntou à Sra. Chakravati:

— Você não tem filhos? — Uma pergunta, sentiu ela, que soou como retórica, visto que obviamente ele sabia a resposta.

— Este ano — Swami disse a ela — você terá um filho.

Chakravati não pôde deixar de gargalhar quando ouviu isso.

— Por que ri? — perguntou Baba.

— Todos os quatro médicos que examinaram minha esposa disseram que ela não pode ter uma criança, Swami. Agora você diz que ela vai ter um filho!

Baba cruzou os dedos indicadores e, olhando nos olhos de Chakravati, disse:

— Quando Swami faz um *sankalpa*,* ele se torna *siddha*,** o que quer dizer que a vontade de Swami sempre será cumprida.

Naquele momento, o descendente de uma longa linhagem de líderes espirituais soube com certeza que ele estava na presença de um Avatar Divino.

— Em novembro deste ano você terá um filho — acrescentou Swami. — Uma alma muito boa está vindo a você. Irei pessoalmente visitar sua casa para dar nome ao menino.

Antes de a entrevista terminar, Baba materializou um medalhão para a Sra. Chakravati, com a imagem do Senhor Rama. Ela se surpreendeu com o que viu, mas também se desapontou, pois sempre havia venerado a imagem do Senhor Krishna. De

---

* *Sankalpa*: desejo, vontade, intento. (*N. do R.T.*)
** *Siddha*: poder. (*N. do R.T.*)

fato, no decorrer das semanas que se seguiram, ela reclamou diversas vezes com o marido sobre o fato de ter ganho a imagem de Rama, em vez da de Krishna.

Mas Chakravati estava mais interessado na maravilhosa profecia sobre o filho. Ele comentou o caso com um amigo, médico do Hospital Militar. O médico achou graça, e observou:

— Se santos e *sadhus** podem dar crianças a pessoas estéreis, a ciência médica é inoperante.

Durante o mês de junho daquele ano, 1962, a Sra. Chakravati achou que estava grávida, e o líder de esquadrilha pediu a seu cético amigo médico que a examinasse. Ele veio em um domingo, acompanhado de uma enfermeira do hospital. Após um exame completo, o doutor deu seu veredicto:

— Desculpe, não há criança alguma. São apenas gases.

Eles ficaram frustrados. Como poderia o filho nascer em novembro, apenas cinco meses depois, se ela não estava grávida agora?

Um dia, pouco depois do pronunciamento do médico, o casal Chakravati foi convidado para ir à casa do Dr. Banerjee, onde Swami fazia uma visita. Eles não tiveram de contar ao onisciente Senhor o que o médico militar dissera. Ele já sabia e repetiu-lhes quando sentaram a seus pés.

— Não se preocupem — disse. — Vocês terão um filho. Ele nascerá no dia 23 de novembro deste ano.

Voltaram a ter esperança, e sem dúvida ficaram comovidos, já que o dia 23 era o dia do aniversário de Swami.

---

* Ascetas sábios e santos. (*N. do R.T.*)

O Avatar* deu outro exemplo da onisciência a que já estavam se acostumando, quando disse à Sra. Chakravati:

— Você tem reclamado do medalhão de Rama que Swami deu a você. — Ele balançou as mãos e tirou outro medalhão do ar. Entregando-o a ela, disse: — Tome, pegue seu Krishna! — O medalhão tinha a imagem de Krishna de um lado e de Shirdi Baba do outro.

Naquela noite, a Sra. Chakravati sentiu definitivamente os movimentos de vida no ventre e soube que lá havia uma criança. Mesmo desconfiado, o médico teve de admitir que ela estava realmente grávida quando foi chamado novamente para examiná-la. Ele concordou em admiti-la no Hospital Militar antes da data prevista.

Contudo, quando a manhã do dia 23 despontou, os médicos e as enfermeiras do hospital preocuparam-se, pois o nascimento só aconteceria depois de alguns dias. A mãe grávida sentiu-se triste porque queria muito que sua criança nascesse no aniversário de Swami, como ele havia previsto.

Quando a enfermeira da noite assumiu seu turno, perguntou à paciente por que ela estava tão triste e abatida, em vez de estar feliz com o que estava por vir.

— Ah, um grande santo me disse que eu teria um filho hoje. Mas infelizmente os médicos e as enfermeiras me disseram que ele só nascerá dentro de alguns dias.

— Quem era o santo?

— Sai Baba.

---

* O termo Avatar, literalmente, significa "descida" e é usado para designar a descida de Deus à Terra numa forma material, geralmente humana. Sai Baba afirma ser um Avatar. (*N. do R.T.*)

— Bem, se Sai Baba disse que sua criança vai nascer hoje, ela certamente vai nascer hoje! Agora, venha para a sala de trabalho de parto.

Ao se dirigirem para lá, a Sra. Chakravati perguntou:

— Você é uma seguidora de Sai Baba?

— Não, eu sou cristã. Mas ouvi sobre ele e sei que é um grande profeta. O que ele diz que será, será!

A enfermeira fez a paciente caminhar de um lado para o outro da sala de parto, enquanto ela preparava tudo o que era necessário para a chegada do bebê. Muito tarde naquela noite, sem dor alguma, a Sra. Chakravati deu à luz um filho.

Após o acontecimento, o médico que rira da profecia tornou-se um devoto de Sai Baba. No devido tempo, o Senhor foi à casa deles e nomeou o menino de Krishnakishora, que significa "pequeno Krishna". Os pais lembraram-se do drama do medalhão, do anseio da mãe por Krishna e das palavras de Swami: "Uma alma muito boa está vindo para você." Que estranho mistério se esconde atrás da porta do nascimento humano? Como podemos saber, se a única coisa de que temos conhecimento é que uma criança nasceu?

Com o passar dos anos, muitos eventos mostraram que o Senhor que lhes trouxera saúde e felicidade estava olhando pelo bem-estar dos pais e da criança, e que a distância não era um obstáculo.

Certa vez, quando eles estavam morando novamente no norte da Índia, Krishnakishora ficou doente, e os médicos diagnosticaram asma.

"Depois de nos dar essa criança, Swami, como o senhor pôde deixá-la pegar asma, uma doença incurável!", a mãe censurou mentalmente Baba, que estava a milhares de quilômetros de distância, em Puttaparthi.

O líder de esquadrilha escreveu ao Dr. Banerjee, implorando-o que pedisse instruções a Swami. A resposta de Swami foi: "A mãe está se queixando de eu ter deixado o menino pegar asma. Ela devia culpar a si mesma por ter deixado a *ayah* (enfermeira) sair com ele no frio e na umidade. Mas não é asma, é só bronquite. Logo ele estará melhor."

Examinando a criança novamente, os médicos detectaram apenas bronquite, e logo o menino estava curado.

Quando Chakravati estava prestes a se aposentar da Força Aérea, disse a Baba que gostaria de trabalhar no *ashram*. Ele queria apenas servir ao Senhor de alguma forma, e estar perto dos Pés Divinos.

— Como posso encontrar um trabalho aqui para um grande oficial como você? — brincou Swami.

No entanto, quando o momento de sua aposentadoria chegou, Swami nomeou-o oficial de provisão da hospedaria masculina de estudantes do Colégio Sri Sathya Sai, Whitefield.

Foi lá que ouvi dele os grandes eventos que transformaram sua vida. E foi lá também que conheci Krishnakishora, na época com 15 anos e tão devoto de Sai Baba quanto os pais.

Chakravati apresentou-o como o "menino de Swami", explicando depois:

— Eu o chamo assim porque, sem Swami, ele nunca teria chegado até nós.

Que bons ventos de graça encantada foram estes que carregaram o triste e doente paraquedista até o Campo da Compaixão Divina em 1961? Lá, sem mencionar suas doenças, sem pedir por uma cura, tanto ele quanto a esposa foram curados imediatamente. Sem dizer uma palavra sequer sobre o anseio de ter uma criança, foi dado ao casal estéril um precioso filho. Acima de tudo, talvez num sentido mais amplo, o paraquedista doente tornou-se são. Num lampejo, seus olhos abriram-se à Onipresença Divina, que dali em diante iria preencher sua vida de significado espiritual, alegria e contentamento.

Uma criança os guiará

Se você participasse do workshop de renovação de Swami, encontraria o seguinte aviso: "O que você chama de 'milagre' pode ser feito aqui imediatamente, ou pode levar um tempinho." O próximo caso envolve tanto o tempo quanto o espaço.

No início de 1976, na Austrália, minha esposa e eu conhecemos Pearl Harrison, uma secretária aposentada da faculdade de medicina de Sydney. A princípio, achamos que nosso encontro havia sido casual, porém mais tarde percebemos que não.

Naquela época, o manuscrito de meu livro *Sai Baba Avatar*, após muitas revisões, estava pronto para a última olhada do editor. Pearl, embora ocupada com seu trabalho social voluntário, expressou o desejo de datilografar o manuscrito. Ela não sabia por que queria fazer isso, mas agora sabe. De qualquer forma, arranjos foram feitos para que ela se encarregasse da datilografia, e assim ela foi apresentada aos milagres de Sai Baba.

Uma de suas duas netas, Mayan Waynberg, de 8 anos, às vezes ajudava Pearl lendo em voz alta o material a ser datilografado. Enquanto a avó mostrava-se cética quanto aos milagres, a neta aceitava-os sem questionar. Para a criança, eles pareciam bastante naturais.

A conclusão dos primeiros capítulos coincidiu com a ida de Mayan, que andava muito pálida e ficava com hematomas muito facilmente, ao médico para um exame de sangue. O médico ficou horrorizado com o resultado. Telefonou para a mãe de Mayan e aconselhou seriamente que a criança fosse, sem demora, retirada da escola e levada para a casa a fim de descansar. Ele também tomou, imediatamente, as providências necessárias para que ela fizesse um exame de medula no Hospital Príncipe de Gales em Sydney. A essa altura, a família estava realmente preocupada.

Pearl contou-me isso quando lhe telefonei para saber como ia o trabalho. Pude perceber que ela estava com medo — muito medo — de que sua netinha pudesse ter alguma drástica e mortal doença, como leucemia.

Não era leucemia, mas algo igualmente drástico e mortal — uma anemia aplástica, a medula óssea deixa de produzir os componentes vitais do sangue em quantidade suficiente para manter a saúde e a vida. Naquele momento, seu exame de sangue mostrava que a taxa de hemoglobina estava pelo menos 50 por cento menor que o normal, a taxa dos glóbulos brancos estava cerca de um terço do nível indicado e que as plaquetas estavam perto de 1/15 da contagem normal.

Mayan ficou sob os cuidados de um especialista que disse à sua mãe que o único tratamento exigia o uso de certas drogas — hormônio masculino, Prednisolone, e outro, Fluoxymesterone. De ambos os hormônios, poderiam ser esperados penosos efeitos colaterais, como interferência com o processo de crescimento da criança, inchaço, obesidade e o surgimento de pelos no rosto, ao mesmo tempo em que provocava calvície. A paciente precisaria fazer constantemente exames de sangue e de medula óssea para monitorar sua condição. Como Mayan tinha uma profunda fobia de agulhas entrando em sua pele e em seus vasos sanguíneos, essa era uma situação apavorante para ela e para todos que estavam envolvidos.

Mas a parte mais trágica da situação era que, depois de passar por todo esse tratamento e sofrer os efeitos colaterais, ela não estaria curada. O melhor prognóstico era alguns anos a mais de vida, com atividade muito limitada. O tratamento com os remédios não era a cura, foi dito aos mais velhos; ele só atrasava o inevitável por um tempo. Ninguém poderia precisar esse tempo.

Nessa triste situação, Pearl pensou nos milagres de Sai que havia datilografado. Ela escreve: "Tenho de admitir uma completa falta de fé na religião. Considero-me uma judia por tradição, mas não por prática. Enquanto datilografava os muitos milagres realizados por Baba, achei que todos eles pareciam interessantes, mas, se essa terrível doença não tivesse ocorrido à minha neta, eu teria parado por aí!

"Mas, então, foi como se minha mente tivesse sido subitamente aberta com um solavanco, e comecei a pensar que talvez existisse algo real em tudo aquilo que estivera datilografando. Howard e Iris Murphet ficaram muito preocupados quando falei a respeito de Mayan. Disseram que iriam trazer um pouco de *vibhuti*, e Mayan poderia começar a tomá-lo imediatamente."

Frequentemente se diz e escreve que Sai Baba se interessa especialmente por todos aqueles pelos quais seus devotos se in-

teressam. Então, a ligação estava ali. Além disso, lembrei-me
dele dizendo, de modo enfático, que os dois ingredientes necessários à cura espiritual são a fé e a entrega. Será que encontraríamos esses ingredientes em uma casa de subúrbio em Sydney,
onde ninguém parecia ter interesses religiosos ou espirituais, e
Sai Baba era uma remota, quase fictícia, figura em um país muito distante? Bem, pelo menos, poderíamos tentar.

Eu disse cuidadosamente a Mayan:

— Você deve real e verdadeiramente acreditar no poder de
Sai Baba.

— Ah, mas eu *acredito*! — respondeu ela, e, da maneira que
disse, pude sentir a fé simples e inocente que Cristo havia posto
em primeiro plano.

Pouco tempo depois, o avô Jack Harrison fez-me sentir que
ele também poderia ser solo fértil para a fé. De pé no jardim de
nossa casa, ele disse:

— Vou à Índia o mais breve possível para agradecer a Sai
Baba por curar Mayan. — Ele não disse "*se* ele a curar". O tratamento de Sai mal começara e, mesmo assim, ele parecia não ter
dúvida alguma de sua eficácia.

Nós podemos nascer com fé, aquela certeza interior do Supremo Onipresente, ou podemos adquiri-la, mas nunca pela
razão e pela lógica. Na verdade, a mente racional pode ser um
obstáculo ao nascimento do conhecimento mais profundo que
o homem chama de fé.

A avó, Pearl, tinha suas barreiras intelectuais, mas também
era dona de um coração generoso. A mãe, Helen, era neutra. A
julgar por seu discurso, ela era ateia, mas estava disposta a tentar
o tratamento com *vibhuti*.

Continuamos a conversar com a família sobre a importância da oração constante. Eles concordaram em rezar a Swami pedindo sua ajuda. Minha esposa e eu rezávamos a ele ardente e regularmente. Queríamos muito que ele curasse Mayan daquela terrível doença — não apenas por sentirmos amor e simpatia pela criança, mas porque este podia ser o grande milagre australiano que levaria mais e mais amigos conterrâneos à luz.

Havia, porém, uma pergunta urgente a ser respondida. Sabíamos, pelo estudo de muitos casos, que, às vezes, durante o processo de cura, Swami permitia que as pessoas tomassem os remédios receitados pelos médicos e impedia a manifestação de qualquer efeito colateral. Outras vezes, ele não permitia que nenhuma medicação fosse administrada. Qual seria Sua Vontade no caso de Mayan? A única forma de ter certeza seria perguntando a ele. Nesse ínterim, achamos que seria melhor deixar a criança iniciar o tratamento com os remédios, uma vez que os médicos tinham dito que qualquer efeito colateral só se tornaria evidente dentro de três meses.

Tínhamos de encontrar um meio de perguntar a Swami a questão vital o mais breve possível. Ele deveria ser questionado diretamente, e não por telepatia. Por sorte, nossa amiga Lynette Penrose estava indo visitar Sai Baba. Por coincidência, fora na casa dela, em Balmain, que iniciamos os encontros com Sai em Sydney. Acredito que foram os primeiros na Austrália.

Lynette concordou em levar uma fotografia de Mayan para Swami e cartas com a pergunta vital sobre o tratamento. Além disso, esperávamos que ela conversasse diretamente com ele sobre o tratamento.

Lynette partiu para a Índia, e todos nós ficamos esperando ansiosos por uma palavra sua. Logo, uma carta chegou. Nela, Lynette dizia que lhe fora concedida uma entrevista e que ela entregara a fotografia e as cartas a Swami. Quando ele olhou para a fotografia, ela escreveu, "seu rosto tornou-se muito doce e compassivo". Com relação ao tratamento com remédios, sua resposta foi: "Não, nenhum remédio, apenas *vibhuti* em água duas vezes ao dia."

Pearl Harrison escreve: "Quando esta mensagem chegou, tivemos de decidir se iríamos suspender o remédio para dar-lhe apenas *vibhuti*. Mayan resolveu por nós: 'Se Sai Baba diz que eu não devo tomar remédios, eu não vou tomá-los.' Então, depois de ter feito uso da medicação por apenas duas semanas, ela parou e, dali em diante, só tomou *vibhuti*." Isto era a prova de fé no poder de cura de uma pessoa que ninguém da família conhecia, exceto por fotografia.

Sentimo-nos em parte responsáveis, já que havíamos sido o canal através do qual eles ouviram falar sobre Sai Baba. Tudo que podíamos fazer era nos agarrar firmemente à nossa confiança e fé no Senhor. Depois pensamos em algo que poderia ajudá-los a receber o Raio de Cura Divina. Sugerimos que eles começassem a promover encontros com Sathya Sai na casa de Harrison, em Greenacre. Eles concordaram prontamente, e sua casa na rua Latvia tornou-se o segundo centro em Sydney de *bhajans** e estudo.

Os encontros foram um sucesso desde o começo. Pessoas vinham de todas as partes da área metropolitana e de lugares

---

* *Bhajans*: cantos devocionais, louvores. (*N. do R.T.*)

distantes das Montanhas Azuis e da costa sul. Logo, Jack Harrison decidiu transformar sua grande garagem em um Templo Sai, comprando um novo galpão para deixar seu carro. Dentro do Templo Sai, alinhado e decorado com a ajuda de devotos, um lindo santuário foi erguido. O lugar adquiriu uma atmosfera sagrada, e o grupo cresceu.

Era surpreendente ver — tanto no templo de Greenacre quanto em Balmain — quão rápida e sinceramente os australianos começavam a cantar *bhajans*. Muitos aprendiam a conduzir, e a criança Mayan era um deles.

A saúde de Mayan logo mostrou uma firme melhora. A família decidiu que, por ora, era melhor deixar os médicos pensarem que Mayan estava tomando os remédios. A cada duas semanas, ela fazia um exame de sangue no hospital, e a equipe médica maravilhava-se com os resultados. É claro que eles também ficavam surpresos. Houve um aumento incrível na taxa de glóbulos vermelhos, uma boa melhora na taxa de glóbulos brancos, e a contagem de plaquetas estava subindo.

Após alguns meses de tratamento com o *vibhuti* de Sai, sem qualquer assistência médica, os glóbulos vermelhos e brancos voltaram ao normal. A partir daí, os médicos decidiram que os exames poderiam ser feitos a cada dois meses, e não a cada duas semanas. Nesses exames, suas plaquetas mostravam um aumento de mais ou menos 10 mil a cada dois meses.

Os médicos previamente tinham examinado a irmã de Mayan, Alona, um ano mais velha, para ver se havia compatibilidade de medula óssea.

Quando os resultados ficaram prontos, e descobriu-se que a medula da irmã era compatível, sugeriram um transplante. Embora Mayan estivesse apresentando uma melhora satisfatória, as plaquetas estavam longe da normalidade, e o transplante poderia contribuir para deter a doença. Portanto, outra pergunta foi feita à família e a nós: a operação deveria ser realizada?

Felizmente, outro devoto australiano estava indo a Puttaparthi e pôde perguntar diretamente a Swami se a operação deveria ser feita ou não. Sua resposta foi definitiva: "Ela está melhorando e logo estará totalmente boa. Não há necessidade de tal operação." A notícia chegou depressa a Greenacre e imediatamente foi decidido que não haveria operação. À época, a família já sabia que o poder de Swami, vindo através do *vibhuti*, bastava para levar as plaquetas de Mayan de volta à normalidade e criar um quadro sanguíneo perfeitamente saudável.

Contudo, apesar de estarem aumentando, as plaquetas ainda não estavam no nível de normalidade quando minha esposa e eu partimos para a Índia em 1978. Mas, antes que tivéssemos a oportunidade de conversar com Swami sobre o caso, recebemos uma carta da avó Pearl, dizendo que o último exame de sangue de Mayan, entregue após nossa partida, indicara que a contagem de plaquetas estava normal — de fato, 174 mil, melhor do que o normal. A criança estava completamente curada de sua doença "incurável".

No início do ano seguinte, Jack e Pearl fizeram o que ele havia decidido fazer mesmo antes de o tratamento começar. Eles, juntamente às duas netas, foram agradecer a Swami pela maravilhosa e milagrosa cura. Finalmente, a família revelou ao especialista encarregado do caso que eles haviam substituído os remédios pelo *vibhuti* sagrado. Ele não ficou tão chocado quanto eles esperavam.

— Imaginei que deveria ser algo assim, pois não houve efeitos colaterais. — Depois, acrescentou: — Minha mãe acredita em cura espiritual.

Gentilmente, o doutor entregou à família todos os exames de sangue de Mayan como evidência documentada, e também concordou em receber uma cópia de meu livro, *Sai Baba: o homem dos milagres.**

Quando Pearl entregou-lhe o livro, disse:

— Agora, não o deixe apenas descansando na prateleira; leia-o e depois passe-o para outra pessoa. Se você não quiser ler, por favor, devolva-o a mim. — O livro não voltou.

Essa cura divina ao longo de períodos de intervenções realizou-se de modo regular, levando cerca de dois anos para se efetivar por completo. Qualquer fator de tempo envolvido nesses casos tem, provavelmente, algo a ver com o fator da receptividade — a intensidade da fé e da entrega a Deus daquele que reza. Existem, sem dúvida, outros fatores impenetráveis também — por exemplo, algum carma negativo a ser trabalhado, ou algo a ser aprendido com o período de espera e sofrimento.

Tudo o que podemos dizer é que, por meio da esperança, da oração e do louvor à grande cura de Sai, toda a família Harrison — bem como alguns parentes e amigos — passou a fazer parte da família Sai. Eu me lembro bem do dia em que Pearl Harrison quebrou suas barreiras intelectuais. Minha esposa e eu estávamos sentados com Jack, Pearl e as duas crianças, contando algumas histórias de curas milagrosas de Swami, quando, de repente,

---

* Publicado no Brasil pela Editora Nova Era.

Pearl entregou-se a uma torrente de lágrimas. As crianças, que nunca tinham visto a avó chorar, ficaram bastante alarmadas, mas Jack compreendeu muito bem: "É o nascimento da fé", disse. Nós, que já havíamos visto lágrimas de *bhakti** em muitos rostos, sabíamos também que a parede mental tinha sido removida e que Pearl se tornara uma devota. Com a mente racional atuando como uma âncora, e não como um obstáculo, Pearl é, de fato, uma devota maravilhosa.

De pessoas sem religião, ela e toda a família passaram a ter uma verdadeira religião espiritual. Seus pontos de vista e valores mudaram; a alegria e o amor do Senhor preencheram a vida de cada um deles. Enquanto abençoava Mayan com a cura do corpo, a Mão Divina tocava outras vidas para a cura da alma. Minha esposa e eu estávamos realmente satisfeitos e agradecidos pelo fato de o grande milagre australiano ter acontecido!

A cura divina toca o vasto mistério da vida em si. Antes de curar o homem aleijado de nascimento, Jesus disse: "Seus pecados são perdoados." Em outras palavras, o carma negativo do aleijado, até aquele momento, fora eliminado. Se isso não tivesse acontecido, como um mal cármico poderia ser retirado? Swami também disse às pessoas, em várias ocasiões, que o quadro de carmas passados tinha sido limpo. Mas é claro que, se as pessoas seguirem cometendo mais erros, pecando, vão acabar criando mais carma ruim — e carma ruim traz doença, tanto nesta vida quanto em vidas futuras.

Um homem divino tem o poder de perdoar pecados, de apagar as sentenças cármicas e de curar doenças incuráveis. Mas,

---

* *Bhakti*: devoção intensa e incondicional a Deus. (*N. do R.T.*)

se a remoção do carma do sofrimento não for para o mais alto interesse espiritual do indivíduo, o homem divino não o fará. Sofrimento pode ser necessário para cortar tendências cármicas profundamente enraizadas. Em casos desse tipo, o Senhor compassivo conforta a mente em sofrimento com seu amor e doçura. Se possível, traz alguma luz ou compreensão para que o paciente saiba por que deve sofrer e passe a considerar isso como uma *sadhana* (disciplina espiritual). Assim, a alma é curada antes do corpo.

Aqui estamos tocando apenas a superfície do grande mistério, talvez seja suficiente saber que, no fim, nós realmente nos curamos, como disse Swami.

Ele é o Guia, o Inspirador, o Catalisador Divino, mas é o Ser Supremo, sendo uno com Deus, que cura o ser inferior quando as lições espirituais essenciais são aprendidas. Ao entender essa verdade, ao lembrá-la constantemente, ao levar uma vida pura em harmonia amorosa com nossos companheiros, obtemos mais e mais harmonia interior, alcançando a tempo a totalidade em que a doença não existe mais.

CAPÍTULO 3

Poder sobre a natureza

A matéria sólida não existe. Trata-se de uma construção dos sentidos e da mente humana. O que existe, segundo a ciência física, é uma dança cósmica de padrões de energia. O poder que mantém a dança cósmica acontecendo, segundo a ciência espiritual, é a Mente Divina. A dança de Nataraja da cultura hindu simboliza essa verdade.

O importante fato científico é que a matéria é "completamente mutável", pode passar de uma forma para outra. O poder que a criou e a mantém também pode transformá-la. Esse poder, Consciência Divina, está desperto no Avatar, mas adormecido em você e em mim.

O atual panorama da natureza, salientado pela física de alta energia subatômica, considera, portanto, a possibilidade teórica dos milagres. O fato é que os milagres realizados por Sai Baba têm sido testemunhados por milhares de pessoas, e podem ser testemunhados por qualquer cético que se interesse em ir vê-lo.

Em geral, os milagres divinos revelam a natureza do Avatar e, se pudermos vê-los com atenção, eles nos ensinam algo sobre nós mesmos. Cada milagre tem um propósito particular — pode estar ligado à compaixão, ao amor, à elevação do coração, ao fortalecimento da fé e da devoção, ou ao chamado da religiosidade. Bhagavan tem mostrado seu poder sobre a natureza de diversas maneiras. Segue uma pequena amostra delas.

Poder sobre a distância e a dimensão

No sétimo Curso de Verão Sri Sathya Sai sobre Cultura e Espiritualidade Indiana, que aconteceu em Whitefield, em 1979, conheci o professor K. C. Sachdev, o responsável pela convocação dos participantes. Um dia, ele me contou a história do anel que usava.

Em uma ocasião, quando a esposa do professor visitava Prasanthi Nilayam,* Swami materializou um anel para ela, o qual ela usou até a morte, ocorrida não muito tempo depois. Foi quando Sachdev decidiu que deveria devolvê-lo a Swami, já que o presente havia sido para a esposa, e não para ele.

Como sentia necessidade de uma palavra reconfortante do Senhor em sua aflição, assim que foi possível, ele viajou: saiu de sua casa em Punjab para ver Swami em Prasanthi Nilayam. Só que se esqueceu de levar o anel da falecida esposa, como havia planejado.

---

* Morada da Paz Eterna é o nome do local onde mora Sai Baba. (*N. do R.T.*)

Ele pediu desculpas a Swami por esse lapso, e perguntou se poderia enviar o anel pelo correio quando chegasse em casa.

— Não, não há necessidade — disse Swami gentilmente. — Fique com o anel e use-o.

Sachdev ficou feliz em ouvir isso. Assim que chegou em casa, tirou o anel da gaveta. Ao experimentá-lo, descobriu que o anel não passava nem mesmo no primeiro nó do dedo mínimo. Swami dissera-lhe para usá-lo — mas como? Será que ele deveria usá-lo como pingente num cordão?

O professor decidiu orar por um sinal. Com o anel na ponta do dedo anelar, no qual geralmente se usa a aliança de casamento, ele juntou as mãos num gesto de oração. Após pedir a Swami instruções sobre o assunto, começou a meditar silenciosamente.

Pouco tempo depois, ele começou a empurrar delicamente o anel, que entrou no dedo sem dificuldade alguma. Sem se dar conta do que havia feito, ele saiu abruptamente da meditação quando o anel começou a se mexer em seu dedo. Sem qualquer pressão maior, ele retirou e colocou o anel no dedo.

Quando ele me contou a história em Whitefield, o anel de ouro ainda se encontrava enfeitando o dedo anelar dele e parecia ter sido feito sob medida. E, de certo modo, foi, pois o Senhor adora rir das dimensões e expandi-las, se necessário.

Depois de se aposentar do cargo de presidente de um instituto educacional no norte, o professor Sachdev, um homem verdadeiramente humilde, tornou-se ajudante no programa educacional de Swami.

Mudanças atômicas e a distância

Em sua casa, "Acres Encantados", Wilma Bronkey cuida de pessoas deficientes e carentes. O grupo vai de idosos a crianças. Na verdade, ao longo dos muitos anos ela vem se dedicando a essa obra social: 280 crianças já compartilharam de sua casa.

Então, chegou o dia em que Sai Baba enviou um chamado encantado a essa mulher de coração compassivo. A razão disso, só ele sabe. Como ele fez chegar esse chamado a uma casa humilde, cerca de 160 quilômetros ao sul de Portland, Oregon, nos Estados Unidos, seria totalmente inacreditável para qualquer um que não conhecesse Sai Baba.

Essa história veio a mim por diversas pessoas — algumas que conheciam a senhora e outras que souberam do caso por terceiros. Cheguei a pensar que ela deveria estar muito diferente do que havia de fato ocorrido, mas, como fui afortunado o bastante para conhecer Wilma Bronkey e ouvir a história de seus próprios lábios, descobri que a história fora, na verdade, muito pouco enfeitada. Alguns eventos são tão singulares, tão bizarros, que nossa imaginação não conseguiria acrescentar nada mais a eles. Seguem os eventos como me foram contados por Wilma Bronkey, em Prasanthi Nilayam, onde coisas extraordinárias fazem parte do cotidiano.

Um dia, nos "Acres Encantados", Wilma atendeu uma ligação internacional. Era uma voz de mulher:

— Dra. Bronkey, por favor, poderia enviar, assim que possível, os 200 dólares de depósito da sua passagem para a Índia? As providências devem ser tomadas por todos que estão indo ver Sai Baba na festa de Indra Devi.

Wilma respondeu:

— Deve haver algum engano. Não tenho planos de ir à Índia. E quem é Sai Baba?

A linha pareceu ficar muda. Não houve outro comentário e, então, ela desligou. Que ligação estranha, pensou — e por que a chamaram de "doutora" Bronkey? Ela não tinha doutorado algum, embora fosse conhecida como reverenda Bronkey.

Ela já tinha ouvido falar de Indra Devi, uma conhecida professora de ioga, e sentiu um forte desejo de saber quem era Sai Baba. Fez algumas investigações e logo o livro *Sai Baba: o homem dos milagres* lhe chegou às mãos. Enquanto lia, ela se descobriu querendo ir à Índia para ver esse homem notável. Contudo, ela colocou o desejo de lado. A viagem era totalmente impossível por várias razões.

Pouco tempo depois do misterioso telefonema, enquanto ela descobria tudo o que podia sobre Sai Baba, Wilma Bronkey recebeu um doutorado honorário. Então, ela pensou que a voz no telefone se havia revelado parcialmente profética; será que seria integralmente? Nada parecia impossível para Sai Baba. Mas, se ele realmente quisesse sua presença, teria enviado a ela um sinal inconfundível. Além disso, teria removido alguns obstáculos bem difíceis.

Wilma tinha uma grande ligação com anéis e sempre usava alguns nos dedos. Entre eles, havia um anel barato com uma pedra de vidro azul-marinho, bastante arranhada pelo uso constante. Mas ela valorizava esse anel mais do que todos os outros, porque havia sido um presente de Natal de uma de suas crianças.

Ela tirava todos os anéis enquanto fazia as tarefas domésticas e deixava-os em uma abertura lateral da bolsa. A razão disso era que, se ela tivesse de sair apressadamente, poderia colocar os anéis num momento conveniente enquanto estivesse fora.

Uma tarde, Wilma foi com uma amiga ver um filme sobre cuidados com as pessoas deficientes. Quando ele começou, ela percebeu que já assistira àquele filme, e seu interesse diminuiu. Foi nesse momento que ela percebeu que não havia colocado os anéis. Apalpou a abertura lateral da bolsa, que estava na cadeira ao lado, e começou a colocar os anéis nos dedos. Percebeu, então, que o anel com a pedra azul bastante arranhada não estava ali. Será que ela o havia deixado em outro lugar, ou ele teria caído da bolsa?

Atentamente, começou a se recordar dos eventos do dia, com os olhos pousados na tela em frente. Então, pelo canto dos olhos, ela viu um ascendente feixe de luzes coloridas saindo da bolsa a seu lado. Naquele exato momento, um estranho vento soprou no recinto, e uma voz dentro dela disse claramente: "Você pediu por um sinal."

Ela agarrou a bolsa e apalpou cuidadosamente dentro dela. Os dedos tocaram no anel desaparecido, que estava bem quente. Mesmo na escassa luz da sala de projeção, ele reluzia tão vivamente que a amiga exclamou:

— Uau! Onde você conseguiu isso?

Perturbada com a mudança na aparência do anel, Wilma apressou-se a ir até o saguão para observá-lo sob uma luz mais clara. A amiga seguiu-a. Era o mesmo anel, com a mesma argola dourada, mas a pedra agora cintilava com uma cor azul-clara.

Agitadas com o incrível acontecimento, as senhoras deixaram o cinema. Elas estavam curiosas para saber que tipo de pedra era aquela que tomara o lugar do vidro azul-marinho. A caminho de casa, resolveram parar num joalheiro. Wilma disse a ele que, por causa do seguro, queria saber o valor da pedra, e entregou-lhe o anel.

— Que linda água-marinha! — ele exclamou. Após examiná-lo cuidadosamente, disse que valia 1.000 dólares.

Novamente a caminho de casa, a amiga protestou:

— Mas o vidro não pode se transformar em água-marinha. Nós devíamos perguntar a outro joalheiro.

Foi o que fizeram. Ao entregar o anel, Wilma achou que o tom de azul mudara de novo.

— Que pedra é esta? — perguntou. Depois de submetê-la a alguns testes, o joalheiro disse que era uma safira, valendo entre 1.000 e 1.500 dólares.

Wilma agradeceu, e elas voltaram para o carro.

— Bem, estou voltando a acreditar em fadas — disse a amiga, já no carro. — Eu queria saber se ela vai mudar de novo.

Wilma riu animadamente. Ninguém além de Baba poderia estar provocando essas mudanças no anel para confundir os joalheiros daquela forma.

— Eu também gostaria de saber — disse Wilma. — Vamos procurar outro joalheiro.

Ao entregar o anel a outro joalheiro, Wilma afastou os olhos da pedra. Depois de examiná-lo, ele disse que valia em torno de 1.500 dólares.

— E qual é a pedra? — perguntou a amiga de Wilma.

— Ah, um diamante. Lindamente trabalhado — respondeu ele sem hesitação.

Ao chegarem aos "Acres Encantados", a pedra retornara à cor azul-clara que havia adquirido no cinema — a mesma cor que tinha quando vi o anel no dedo da Dra. Bronkey, mais tarde, em Prasanthi Nilayam.

A *lila** do anel encantado não deixou em Wilma qualquer dúvida de que Sai Baba estava lhe enviando um sinal, e se ele quisesse que ela fosse à Índia, removeria os obstáculos de seu caminho. Os dois problemas principais eram: quem cuidaria dos pacientes e como ela conseguiria o dinheiro para a passagem?

O primeiro foi inesperadamente resolvido por seu filho e sua cunhada, que se ofereceram para cuidar dos pacientes durante sua ausência. O segundo foi resolvido de uma forma igualmente inesperada. Dois amigos, que certa vez ela ajudara com algumas curas, ligaram para ela.

— Sabemos que você não aceita dinheiro pelos trabalhos de cura, mas sentimos que está precisando de certa quantia nesse momento. Então queremos lhe emprestar 2.000 dólares. Pague-nos quando puder — e não haverá juros.

---

* *Lila*: jogo, esporte, diversão. Refere-se normalmente a pequenas "brincadeiras" ou "peças" que Deus prega em seus devotos como um pai que brinca com seu filho. (*N. do R.T.*)

Era exatamente a quantia de que ela precisava, e mais uma vez a voz ao telefone comprovou-se profética. A Dra. Bronkey encontrou-se na festa de Indra Devi, indo para a Índia, rumo ao "Palácio da Paz Suprema". O dia chegou — o maravilhoso dia —, e Wilma Bronkey sentou-se na areia com a multidão em Prasanthi Nilayam, esperando por Swami. Ele veio, e, para ela, era como se ele flutuasse no ar. Suavemente moveu-se em torno do círculo e, por fim, parou diante dela. Olhando para baixo com um sorriso e um alegre cintilar nos olhos, ele perguntou com doçura:

— Gostou do anel?

Wilma Bronkey já fizera algumas visitas a Swami, quando eu a conheci lá, no Natal de 1978. Ela levava grupos de pessoas doentes para as bênçãos do Grande Curador. Durante a visita daquele ano, Swami disse-lhe que expandisse seu trabalho humanitário e fundasse uma casa de saúde para a convalescença de pessoas que se haviam curado do câncer.

Durante anos, a Dra. Bronkey cumpriu seu bonito trabalho social até o Senhor a chamar com seu jeito incrível. Aquela chamada foi um marco em sua vida. Agora, por trás do serviço social que presta à humanidade, estão o amor e a inspiração de Sai Baba abençoando-o e expandindo-o. Só aqueles que experimentaram podem saber o que isso significa.

Além da natureza e do homem

— Os mágicos de rua podem fazer os mesmos truques que Sai Baba — disse um alfaiate muçulmano em Bangalore. — Se

Sai Baba materializar algo que nunca foi produzido pela natureza ou pelo homem, acredito que ele seja o que você diz que ele é.

Então, contei a ele a história que acabara de investigar sobre um anel em perpétuo movimento.

Ela chegou a mim pela primeira vez por um jovem que estava em Bangalore. Deve haver algum engano nisso, pensou o cético dentro de mim; devo esforçar-me para checar os fatos.

A chance veio logo depois, quando me vi parado perto da volumosa figura do Sr. R. Ramanathan Chettiar, na longa antessala de Swami em Brindavan, Whitefield.

O Sr. Chettiar, o personagem central da história, pertence a uma família de ricos joalheiros muito conhecida no sul da Índia. Por ser devoto de Sai Baba desde mais ou menos 1946, ele presenciou fatos incríveis e desenvolveu profunda veneração pelo Avatar que conhecia pessoalmente havia tempo. O respeito e a admiração dele por Sai Baba são tão profundos que ele não gosta de mencionar os milagres de Sai sem a expressa permissão de Swami.

Mas ele não percebeu e deixou escapar quando eu calmamente perguntei se poderia ver o anel milagroso que Swami produzira para ele, e se era verdade que a pedra ficava constantemente girando, impulsionada por alguma força desconhecida pelo homem.

— Quem lhe falou a esse respeito? — perguntou, parecendo bastante alarmado.

— Um americano num hotel em Bangalore.

Ao perceber que seu segredo estava se tornando público, ele decidiu me apresentar os fatos e deixar que eu visse o objeto.

Certo dia, uns 12 anos antes, Swami disse a ele: "Como você é um joalheiro, devo lhe dar algo que você não pode manufaturar." Então, ondeando a mão, Baba produziu um anel e colocou-o no dedo de Chettiar. Desde então, ele o tem usado.

Ele é bem semelhante a vários outros anéis que já vi saírem da "oficina" de Sai. A figura central é um bonito busto de Swami em um disco circular branco esmaltado, rodeado de pequenas pedras, e incrustado numa lisa base de ouro, sobre uma aliança de ouro de largura média. Um anel simples e atraente, do qual você não suspeita de nenhuma mágica. Entretanto, segundo o Sr. Chettiar, o disco esmaltado, de cerca de 1 centímetro, gira no sentido horário dentro do círculo de pedras, perfazendo uma volta completa a cada 24 horas. Isso vem acontecendo, sem falhar, durante os 12 anos de sua criação.

— E se você tirar o anel? — perguntei.

— Não faz diferença alguma. Às vezes eu o tiro à noite. O centro continua girando da mesma forma.

Gentilmente, ele retirou o anel para que eu o examinasse mais de perto. Olhei debaixo do disco esmaltado e do círculo de pedras. Não havia nada além de uma base lisa de ouro sobre a aliança. Não havia mecanismo algum, mesmo que alguém tivesse inventado um sistema que possibilitasse o movimento perpétuo — o que, apesar de séculos de esforço, ninguém conseguiu. Tentei girar o disco esmaltado com o dedo, mas ele não se mexeu.

Achei difícil supor que aquele cidadão sério, que parecia tão centrado e honesto, fosse capaz de inventar uma história tão fantástica. Que motivo ele teria para agir desse modo? Mesmo assim, achei que deveria checar se a parte central do anel realmente girava.

Como se lesse meus pensamentos, ele disse:

— Está vendo para onde a cabeça de Swami está apontando agora? — Se o círculo fosse o mostrador de um relógio, a cabeça estaria apontando para as duas horas, mais ou menos. — Bem — ele prosseguiu —, olhe-a novamente quando viermos ao *darshan* da tarde.

Cerca de seis horas mais tarde, quando nos encontramos no quarto novamente, pedi para ver o anel. Agora a cabeça de Swami apontava para baixo, para mais ou menos cinco horas, o que indicava que ele daria a volta completa em 24 horas — tal como a Terra girando em seu eixo.

Como tanto o Sr. Chettiar quanto eu estávamos hospedados em pequenas casas em Brindavan, não tive dificuldade de encontrá-lo várias vezes por dia enquanto íamos ou voltávamos da residência de Baba. Toda vez que eu me deparava com ele, pedia permissão para tornar a ver o anel. Assim, ao notar a posição da cabeça de Sai Baba, pude confirmar, sem dúvida alguma, que o disco esmaltado fazia uma revolução completa a cada 24 horas.

— Essas pequenas pedras em torno da circunferência são preciosas? — perguntei certa vez.

— Não comercialmente. Mas este é um anel abençoado e, portanto, sem preço.

Além de ser abençoado e único, ele parecia também ser um anel encantado. Embora o Sr. Chettiar o usasse há 12 anos, não havia qualquer marca ou arranhão nele. Já o centro esmaltado do meu anel também produzido por Sai, embora tivesse apenas quatro anos, estava muito arranhado e gasto. Ainda que o rico joalheiro nunca tivesse feito nenhum trabalho manual — o que eu frequentemente faço —, anel algum poderia parecer tão novo depois de 12 anos de uso constante.

Quando terminei de contar essa história ao alfaiate muçulmano, ele disse:

— Se três cientistas pegarem o anel e o trancarem em um cofre de segurança, e juntos o examinarem várias vezes ao dia, durante muitos dias, e descobrirem que ele realmente gira, aí sim, eu vou acreditar nisto.

Essa observação não aliviou em nada minha irritação pelo péssimo trabalho que ele fez a meu par de calças. Mais tarde, porém, pensei: bem, por que ele deveria acreditar em mim, em três ou em trinta cientistas? Tais poderes inacreditáveis sobre a matéria e a energia têm de ser vistos pessoalmente — ao menos, pela maioria das pessoas.

Há dois apêndices a esta história. O primeiro é que, uma semana depois de contá-la, recebi uma carta em Prasanthi Nilayam do alfaiate de Bangalore. Segundo ele, na noite seguinte à nossa conversa, ele teve um *darshan* de Sai Baba em um sonho, e então percebeu que estava enganado e que os poderes de Baba são genuínos. Perguntava se eu poderia informá-lo sobre a rota de Swami, pois ele queria levar alguns amigos a Whitefield quando Baba retornasse. O segundo apêndice tece outro fio na impenetrável teia de Swami. Alguns meses depois que o Sr. Chettiar gentilmente me contou a história de seu anel giratório, encontramo-nos novamente. Nesse ínterim, um de nós ausentou-se do grupo em torno de Swami e ficamos sem nos ver.

Depois de cumprimentá-lo, perguntei-lhe se o maravilhoso anel ainda estava girando, ritmado com a Terra em seu eixo.

— Não — disse ele. — Certo dia, semanas após eu ter-lhe contado sobre ele, Swami disse: "Este anel já está girando há bastante tempo." Pegou-o, soprou nele e me devolveu. Desde então, ele não girou mais.

— Ele disse por que razão fez isso?

— Não... apenas que ele já estava girando há muito tempo.

Deve ter havido uma razão tanto para o início quanto para o fim dessa estranha *lila*, mas nenhum de nós conseguiu descobrir nada.

Alquimia Divina

Muitas pessoas que conhecem Baba e viajaram com ele por muitos anos me disseram que o viram transformar água em gasolina. Ele não faz isso frequentemente, e não está tentando resolver a crise energética mundial dessa forma. Como costuma dizer, ele não interfere na natureza em larga escala. A Alquimia Divina é usada apenas em raras ocasiões e sob circunstâncias especiais — como quando Jesus transformou água em vinho em Canaã, na Galileia, e Moisés transformou as águas do Nilo em sangue, no Egito.

Um antigo devoto de Sai me disse que, logo após a Segunda Guerra Mundial, ele e outros estavam num carro com Swami, viajando pelo país. Eles se dirigiam a um importante festival religioso e não queriam se atrasar. De repente, no meio do nada, o carro ficou sem gasolina. Um dos passageiros, que conhecia bem o distrito, achou que havia um posto cerca de 5 quilômetros estrada acima, mas, como a gasolina não era abundante naquela época, poderia não haver nenhuma disponível por lá.

O motorista disse que andaria até o posto, ou em direção a algum outro lugar, para tentar conseguir um galão de gasolina. Mas, mesmo que ele conseguisse, isso significaria um atraso considerável. Além disso, seria uma longa e árdua caminhada para o homem em um dia quente. Embora ele fosse o único responsável por todo aquele transtorno, visto que não havia checado o nível de gasolina, Swami foi misericordioso.

— Traga um balde de água daquela casa. Há uma fonte lá — disse ao motorista, apontando para uma humilde moradia a menos de 100 metros de distância.

O motorista obedeceu silenciosamente. Enquanto esperavam junto ao carro com Swami, todos permaneceram em silêncio, na expectativa de uma solução.

Logo o motorista voltou com um grande balde cheio de água.

— Aqui — indicou Swami, e o motorista colocou o balde cheio de água no chão aos pés do Senhor. Todos presenciaram a figura de túnica vermelha se inclinar e, com o dedo, mexer a superfície da água. — Coloque isto no tanque de gasolina. E tenha cuidado para não derramar nada — disse ao motorista.

Logo eles tornaram a seguir viagem, visto que o motor bebia alegremente a gasolina milagrosa. Alcançaram o festival religioso em boa hora.

Além disso, há evidências de que o dedo divino se estende a quilômetros de profundidade, remexendo o solo e fazendo o petróleo brotar. Um natural do Punjab, usando um turbante e de conduta agradável, chamado Surjitsingh Chahal, contou-me histórias incríveis quando o encontrei certa vez em Brindavan, Whitefield. Depois, ele me mostrou uma carta que recebera de

um amigo, um tal Sr. Gordon Chetty, de Durban, África do Sul.
Nela, o Sr. Chetty escreve:

"Eu tenho um carro, modelo 1970, de nove lugares, que
costumo usar para viajar para qualquer destino difundindo os
ensinamentos de Bhagavan. Bhagavan começou a fornecer gasolina misteriosamente para esse veículo. Isto aconteceu 11 vezes em dois anos, e sempre do mesmo modo: enquanto o veículo estava parado, o tanque enchia-se até derramar, e uma boa
quantidade de gasolina frequentemente transbordava. Esse milagre foi testemunhado por milhares de pessoas, e algumas chegaram a colher o combustível que derramava.

"Numa manhã de domingo, por exemplo, eu estava numa
festa de casamento. Deixei o carro estacionado na calçada entre
outros carros. Eram mais ou menos 11h30 da manhã quando
me informaram que estava vazando gasolina do meu carro.
Descobri que o tanque se enchera completamente e estava
transbordando. Muitas pessoas da festa de casamento correram
para ver este milagre. Naquele momento havia, de fato, aproximadamente umas oitocentas testemunhas. Cerca de 12 pessoas
colheram a gasolina que transbordava e a usaram em seus próprios veículos.

"Nós vimos muitos outros milagres de Baba aqui — como
a cura instantânea no santuário em nossa casa. Por meio de sonhos, muitos foram guiados a este santuário por Baba. Corações
reumáticos e cânceres estão entre as doenças curadas aqui pela
graça de Bhagavan."

Embora Swami, em outras ocasiões, tenha transformado
água em gasolina, em Durban ele parece ter multiplicado a ga-

solina que já se encontrava no tanque. A ajuda e a graça do Senhor vêm do lugar e da maneira que ele próprio estabelece.

Teletransporte

Em 1961, antes mesmo de termos ouvido falar de Sai Baba, ou de termos qualquer intenção de visitar a Índia, minha esposa e eu estávamos passando um tempo na Inglaterra. Parte desse tempo passamos na casa de Clarry, tio de minha esposa, que era um médium não profissional. Clarry costumava demonstrar habilidades mediúnicas para agradar a um grupo de amigos que se reunia uma vez por semana em determinada casa. Durante nossa visita, participamos de várias dessas reuniões espíritas, sendo conduzidos por tio Clarry, com a esposa e filha, até o local de encontro em Southport.

Em uma das reuniões, aconteceu um fenômeno que quero descrever aqui. Havia talvez seis ou sete pessoas presentes além de nós dois, do médium e de sua família. Sentamos, como de costume, em uma pequena sala com as persianas fechadas para que as luzes da rua não interferissem no ambiente. A lâmpada foi apagada e, na escuridão, formamos um círculo em pé e começamos a cantar hinos. Às vezes, tio Clarry pedia determinado livro. Dez minutos depois, podíamos ouvir pela respiração profunda do médium que ele estava em transe. Então o canto cessava, e todos nós nos sentávamos em silêncio, aguardando alguma mensagem.

As mensagens vinham normalmente por uma voz que se manifestava por um trompete de metal leve que, antes de as luzes se apagarem, era colocado sobre o carpete no meio do círculo. Como tio Clarry era um médium de voz-direta, essas vozes podiam soar de qualquer ponto da sala, e geralmente vinham do alto, de perto do teto.

A primeira voz que falou nessa noite em particular disse que haveria muito pouca comunicação, pois os "do outro lado" estavam tentando um fenômeno especial que utilizaria grande parte do poder disponível. Como a bisbilhotice e a tagarelice entre os vivos e os chamados mortos eram as práticas usuais das sessões, fiquei na expectativa de que o tal fenômeno se manifestasse.

Dali a pouco, uma voz se dirigiu a mim, dizendo-me para colocar as mãos em concha a fim de receber um teletransporte. Obedeci. Após uma pausa, houve um chocalhar peculiar que parecia vir do trompete que estava no alto, no ar, acima de mim. Então, ele se aproximou e eu senti um pequeno objeto cair em minhas mãos. Era duro e redondo e parecia coberto com algo que se assemelhava a sal úmido. "O que poderia ser?", pensei, na escuridão. Bem, eu saberia quando as luzes se acendessem. Coloquei-o no bolso da jaqueta.

Enquanto isso, fiquei esperando por uma pista, mas tudo o que a voz disse foi: "Isto lhe foi trazido de um país para o qual você não tem intenção de ir, mas acabará indo e será muito feliz. O objeto é de um lugar sagrado deste país, e lá você encontrará outros do mesmo tipo." Então, houve silêncio. O trompete caiu no chão, a sala parecia vazia, e logo a reunião foi encerrada.

O objeto perdeu a úmida textura de sal e estava bastante seco quando o tirei do bolso para olhá-lo sob a luz. Era um liso cristal de rocha marrom, de cerca de 2,5 centímetros de diâmetro.

No dia seguinte, durante uma conversa, perguntei a tio Clarry de onde o cristal tinha vindo. Mas ele não tinha ideia. A primeira vez que o viu, ou soube de sua existência, foi quando saiu do transe na reunião. Após um breve silêncio, ele disse:

— A palavra "Ganges" me vem à mente. Ela significa algo para você?

— Só sei que é um rio na Índia, nada mais — respondi.

Tio Clarry nunca aceitou dinheiro por seus serviços mediúnicos, e o único motivo de levar isso adiante era fazer seus amigos felizes. Ele não tinha por que enganar quem quer que fosse.

Mesmo que ele quisesse me pregar uma peça, pensei, não poderia ter levado um cristal úmido no bolso de casa até a sala de reuniões e mantê-lo lá, ainda úmido, até a hora em que ele caiu nas minhas mãos — cerca de uma hora depois. Isso sem considerar que nos cinco minutos que o cristal permaneceu no meu bolso, ele secou completamente e se tornou limpo!

Então, se o cristal veio das margens de um rio de algum país distante, ou de algum lugar na Inglaterra, chegou às minhas mãos como deixou sua localidade — coberto com areia úmida. Guardei a pedra, esperando algum dia resolver esse mistério.

Uma conversa "casual" com alguém em Londres nos fez decidir ir à Índia em 1964 para participar de um curso de seis meses sobre a Sabedoria Antiga na sede da Sociedade Teosófica. Quando o curso terminou, viajamos para o norte da Índia em busca de ensinamentos espirituais. Visitamos alguns *ashrams*, em Rishikesh, ao longo do sagrado rio Ganges.

Um dia, enquanto passeávamos pela margem do rio, vimos uma pilha de cristais marrons repousando na areia úmida. Algo me fez pegar um dos cristais. Ele estava levemente coberto por areia úmida, e sua textura me fez pensar no teletransporte que veio às minhas mãos na Inglaterra.

Como o quartzo transportado estava na minha mala no Sivananda Ashram, coloquei a pedra no bolso e voltei ao *ashram* para fazer uma comparação. No instante em que a tirei do bolso, mais ou menos meia hora mais tarde, o cristal estava seco e limpo. Ambos os cristais tinham uma aparência muito semelhante.

Então, as profecias voltaram à minha mente. A voz desencarnada disse que o objeto era de um lugar sagrado de um país que iríamos visitar, onde encontraríamos grande felicidade. E depois a palavra "Ganges", que chegou aos ouvidos de tio Clarry — e o Ganges é, de fato, um rio sagrado para todos os hindus. A própria área de Rishikesh também tem uma atmosfera sagrada. Naquela tarde, quando estávamos participando de um círculo espiritualista no norte da Inglaterra, três anos atrás, não tínhamos intenção alguma de visitar a Índia.

Agora, lá estávamos nós naquele país, e muito felizes, pois ele parecia ser nosso lar espiritual.

Pouco tempo depois, quando chegamos até Sai Baba, nossa felicidade na Bharat (Índia sagrada) aumentou imensuravelmente. Por mais estranho que possa parecer — e inacreditável para algumas pessoas —, eu não tenho dúvida alguma de que o cristal marrom, que deixei sobre a mesa bem na minha frente, foi transportado num abrir e fechar de olhos das areias do Ganges até aquela sala em Southport, na Inglaterra. Fora do tempo e do espaço, ele veio como uma profecia e foi precursor desse grande evento em nossa vida.

Quando esse fenômeno é realizado por entidades desencarnadas, normalmente é necessário que o ambiente esteja escuro, mas há muitos exemplos desse tipo de manifestação que são executados à luz do dia por grandes iogues. O poder psicocinético (PC), inerente a todos nós, manifesta-se com as práticas de ioga.

Em sem livro *Living with the Himalayan Masters*, Swami Rama conta que certa vez, quando se encontrava no Tibete com seu Mestre, sentiu forte desejo de ter seu diário consigo para poder registrar suas experiências. Ele o havia deixado na Índia em "um sanatório chamado Bhuwali, perto das montanhas Nainital".

Lendo os pensamentos do estudante, o Mestre disse:

— Posso conseguir seu diário para você. Você precisa dele?

— Sim, e de alguns lápis também — respondeu Swami Rama.

Seu diário era bem grande, continha 475 páginas, mas em segundos estava na frente dele, com três lápis.

Por algumas estranhas razões que eu não entendo, há devotos de Sai Baba que declaram que ele não faz teletransportes. A dedução é que todas as suas produções miraculosas são criações novas. Esta é uma teoria difícil de ser sustentada, porque ele próprio frequentemente diz que vai "trazer" algo de algum lugar — e por vezes, quando necessário, envia o objeto de volta para o lugar de onde veio.

Um exemplo de Sai Baba trazendo algo distante — sem retorno — foi quando, nas montanhas Horsley, em 1967, ele me deu uma moeda.* Nessa ocasião, depois de perguntar o ano do meu nascimento, ele disse:

— Trarei para você uma moeda feita na América nesse ano.

— Quando ela surgiu na mão dele, ele a entregou a mim, dizendo: — Ela não está mais em circulação, senão eu não a daria a você.

Era uma moeda de ouro de 10 dólares e, alguns anos mais tarde, um numismata norte-americano confirmou se tratar de uma moeda genuína, fabricada em São Francisco em 1906, o ano do meu nascimento.

Um episódio no qual Swami trouxe um objeto para ser visto, enviando-o de volta depois, é relatado pelo Sr. N. Kasturi em seus escritos sobre a vida de Sri Sathya Sai Baba.**

Aconteceu em Kanya Kumari (cabo Comorin) em 1958. Na época, Baba estava sentado na praia com um pequeno grupo de devotos. Um deles lia um livro sobre o centro de peregrinos de lá, e Baba perguntou o que havia sobre o templo. Então o devoto contou a história de um diamante que em outros tempos adornara o nariz da deusa do templo. Um diamante tão magnífico, dizia o livro, que os piratas podiam vê-lo brilhar do mar. Um dia, eles invadiram o templo e levaram o diamante. Seu destino subsequente era desconhecido pelo autor do livro.

Depois de ouvir a história até o fim, Baba perguntou: "Vocês querem ver esse diamante? Sei exatamente onde ele está agora. Posso trazê-lo para que vocês o vejam e mandá-lo de volta antes que sua falta seja notada."

---

* Ver *Sai Baba: o homem dos milagres*, de Howard Murphet.
** Ver *The Life of Bhagavan Sri Sathya Sai Baba*, de N. Kasturi (Puttaparthi, Índia: Prasanthi Nilayam Press, s.d.).

Avidamente, todos concordaram que gostariam de ver o famoso diamante, e então Baba simplesmente bateu de leve na areia à sua frente e, subitamente, lá estava o reluzente diamante! Ele o levantou para que todos o vissem com clareza, e depois ele simplesmente desapareceu de sua mão. O que foi isso — eu gostaria de saber — se não um teletransporte?

Acredito que o teletransporte faz parte do extenso espectro de poderes que Swami tem sobre a natureza, que inclui transformar a forma e o tamanho dos objetos, utilizar novas energias não conhecidas pela ciência, transmutar uma forma de matéria em outra, transcender tempo e espaço, multiplicar a quantidade de uma substância e criar novos objetos a partir das partículas mutáveis e dos padrões de energia do universo. Como veremos nos próximos capítulos, ele também tem o poder de transformar e multiplicar a própria forma.

CAPÍTULO 4

As formas de Sai

Acredito que, neste período da história, Deus está usando algumas formas de Sai para elevar os seres humanos aos mais altos níveis de consciência. Primeiro, houve o Sai Baba que nasceu no século XIX, num lugarejo chamado Patri, no rio Godavari, mas passou a maior parte da vida na aldeia de Shirdi, sendo, então, conhecido como Shirdi Baba. Atualmente, há o Sathya Sai Baba, que nasceu em Puttaparthi, no rio Chitravati, oito anos depois que a forma de Shirdi foi abandonada. Por fim, segundo Sathya Sai, haverá Prema Sai, que, um ano após a passagem da forma Sathya Sai, nascerá em Karnataka (o antigo estado de Mysore), em um lugar entre Bangalore e a cidade de Mysore.

O nome "Sai Baba" tem algum significado? E, se tem, qual é? "Baba" é uma designação bastante conhecida para "pai", mas "Sai" não é tão fácil de definir. Alguns dizem que se trata de uma antiga palavra persa para designar "santo", mas o significado mais profundo de "Sai" é "mãe". Sathya Sai salienta que o significado é "mãe-pai" e, para seus devotos, Swami é, sem dúvida, a figura da Mãe e do Pai Divinos.

Nas crenças espirituais do hinduísmo, entretanto, encontramos ainda outro significado para a palavra "Sai". Os Bauls, uma seita de pedintes devotos de Vishnu, atribuem esse nome aos que alcançaram a perfeição. Eles dizem: "Ninguém é maior que um Sai. O Sai é um homem de suprema perfeição que não vê qualquer diferenciação no mundo."*

O nome "Sai Baba" começou a ser conhecido no último trimestre do século XIX, quando um jovem mendicante disse aos habitantes da aldeia de Shirdi que seu nome era Sai Baba. Daí em diante, ele passou a ser empregado por seus seguidores.

Já Sathya Narayana Raji, de Puttaparthi, depois de ter passado por uma profunda experiência psíquica, aos 14 anos anunciou aos "campesinos pasmos das redondezas" que era Sai Baba. Para os ouvidos de uma aldeia hindu, o nome soava suspeitosamente muçulmano.

Talvez todos esses sentidos sejam aplicáveis. "Sai" é um santo, uma mãe divina e — tal como os devotos de Vishnu,** embriagados de Deus, o entendem — um homem de suprema perfeição, tão unido a Deus que, na multiplicidade deste mundo, enxerga apenas o uno sem forma, indistinguivelmente Divino.

Embora caminhe sobre a Terra na forma temporal de Sathya Sai, por vezes o Senhor ainda se mostra na antiga forma de Shirdi Baba. Ontem, hoje, amanhã, estando igualmente dentro de sua onisciência, tenho certeza de que ele poderia se manifestar

---

* O *Evangelho de Sri Ramakrishna*, traduzido por Swami Nikhilananda.
** É o princípio mantenedor, um dos princípios divinos da trindade hindu. Os outros dois são Shiva (o princípio regenerador ou transformador) e Brahma (o princípio criador de Deus). (*N. do R.T.*)

também na forma de Prema Sai, mas, como ela não é conhecida, não faria sentido. No entanto, ele já materializa um anel portando o perfil de Prema Sai para John Hislop.

Por que Sathya Sai, às vezes, se apresenta como Shirdi Baba é um mistério. A maior parte dos envolvidos não compreende a razão disso.

Maria Viljacik, por exemplo, uma devota de Sai que vive perto de Wollongong, Nova Gales do Sul, na Austrália, teve seu primeiro contato com ele quando era criança e vivia na Iugoslávia. Naquela época, ela costumava ser visitada por um homem idoso que pensava ser um mendigo. Maria tinha pavor de mendigos, mas, estranhamente, aquele não lhe causava medo algum. Ele aparecia de repente; então se sentava e conversava com ela, aconselhando-a e ajudando-a em seus problemas de infância. Um amor por aquele senhor cresceu em seu coração, e ela frequentemente se perguntava quem ele era e de onde vinha.

Muito tempo depois, já morando na Austrália com o marido e a filha, Maria viu uma fotografia de Shirdi Baba e, chocada, percebeu que olhava para o amado e idoso mendigo de sua infância. Ficou ansiosa para descobrir mais a seu respeito.

Logo a seguir, por intermédio de um indiano que foi morar por um tempo em Wollongong, ela ouviu falar de Sathya Sai, a encarnação posterior de Shirdi Baba, e soube, para sua grande alegria, que havia encontros regulares de devotos de Sai Baba em Sydney. Embora esses encontros, de *bhajans* e palestras, acontecessem a cerca de 80 quilômetros de sua casa, Maria, o marido e a filha começaram a frequentá-los regularmente.

A filha Verônica, que era ligada à música, logo tornou-se uma das líderes do grupo de *bhajans*. Seus sentimentos devocionais eram tão fortes que ela acordava às 4h, todas as manhãs, e ficava cantando *bhajans* sozinha na escuridão de sua pequena sala de música até o romper do dia.

Quando minha esposa e eu fomos à Índia para ver Swami em janeiro de 1978, levamos fotografias da família Viljacik, músicas compostas por Verônica para Baba e alguns ensaios que a jovem escrevera sobre temas espirituais. Mostramos tudo a Swami, e mencionei as experiências infantis de Maria. "Sim", ele disse, "é uma devota antiga".

No fim de 1978, Maria e o marido, Andy, foram à Índia para o *darshan* de Swami. Iris e eu os acompanhamos do hotel até Whitefield, e Swami disse-nos para levá-los para dentro, pois eles teriam uma entrevista. Conversou com eles sobre a vida e seus problemas, preenchendo-os com grande felicidade. No dia seguinte, durante uma segunda entrevista, ele materializou um lindo anel para Maria.

Ela estava tão tomada de respeito e reverência pelo anel que, ao contrário de muitas pessoas que gostam de ostentar essas coisas, o manteve escondido enquanto caminhava pela multidão curiosa do lado de fora da casa de Swami.

Maria não sabe por que o Senhor veio a ela primeiro como Shirdi Baba, mas, mesmo conservando um grande amor pela antiga forma, aceitou prontamente sua nova forma como Sathya Sai Baba.

Entretanto, há pessoas que não admitem que Sathya Sai seja uma encarnação posterior de Shirdi Baba. Swami diz que eles estão presos à antiga forma — e ele não quer que fiquemos presos a nenhuma forma. Mesmo pessoas altamente educadas e devotas podem cair no erro fatal de venerar a forma, e não o Deus que se manifesta por ela.

Esta é uma história relatada pelo Sr. Suryamurthy, juiz da Suprema Alta Corte de Madras. O estranho evento que ele relata aconteceu muitos anos atrás, quando ele estava "em outro posto". A senhora da história, cujo nome não é revelado por razões óbvias, era diretora de um colégio feminino.

O juiz escreve: "Minha vizinha era uma educadora. Uma tarde, ela veio à minha casa e viu fotos de Sri Sathya Sai Baba no hall. Voltou-se para mim e perguntou: 'Você acredita neste arruaceiro?'

"Ao perceber seu ar agressivo, e para evitar controvérsias, disse apenas que um amigo me dera aquelas fotos, e eu as pendurara na parede. Ela começou a dizer que era devota de Shirdi Baba, e que fazia seu *puja** todas as quintas-feiras. Ela também insultou Sri Sathya Sai.

"Naquele momento, eu me comportei como uma pessoa indiferente à divindade de Sathya Sai, e não reagi violentamente ao seu ataque. Depois de discursar até seu coração ficar satisfeito, a senhora partiu.

"Uns dois dias depois, uma quinta-feira, voltei para casa tarde da noite. Surpreendi-me ao encontrar a mesma senhora em minha casa. No momento em que entrei, ela começou a me contar algo, ofegante, enquanto falava. Eis o que ela me disse:

"Naquela mesma tarde, ela se dirigiu a seu quarto de *puja*, como era de costume, pois era quinta-feira. Ergueu a imagem de Shirdi Baba e começou a consagrá-la, quando a porta do quarto se abriu e Sri Sathya Sai entrou. Suspeitando que eu O tivesse levado até lá, e enraivecida por sua entrada sem permissão no quarto de *puja*, ela tentou repreendê-lo.

---

* *Puja*: ritual religioso. (*N. do R.T.*)

"No entanto, ela não conseguia abrir a boca nem mover os membros. Sentou-se como se estivesse presa ao lugar, incapaz até mesmo de se levantar. Baba acomodou-se em uma cadeira no quarto. Disse que ele e o 'antigo companheiro' (referindo-se a Shirdi Baba) são um só, e lhe perguntou: 'Por que você me insulta?' Então, mesmo sentado na cadeira, sua figura desapareceu. Só depois disso é que a senhora conseguiu se mexer.

"Ela percebeu que fora uma visão, e correu de imediato à minha casa para me contar o que tinha acontecido. Como não me encontrou, esperou até que eu voltasse para casa."

O juiz não diz se a senhora se tornou posteriormente uma devota da forma Sathya Sai. Mas, por sua reação à visão, ela deve ter se libertado de sua fixação pela forma Shirdi Baba e de seu violento preconceito contra Sri Sathya Sai.

Sou muito agradecido ao juiz Suryamurthy por ter me dado seu testemunho escrito de um evento que confirma dramaticamente a onisciência de Sai e seu poder de projetar sua forma onde quer que seja necessário aos interesses da Verdade e à compreensão e ao bem-estar de seus devotos.

Ao longo de anos de ligação com Bhagavan Sathya Sai Baba e seus principais devotos, aceitei, há muito tempo, a identidade Sathya Sai — Shirdi Baba. Os fatores que contribuíram para essa aceitação mostram-se numerosos e sutis demais para ser expostos e elucidados aqui, mas um dos mais significativos foi o estudo da vida e dos ensinamentos de Shirdi Baba. Qualquer um que também estudar a vida e os ensinamentos de Sathya Sai não terá dúvida alguma de que ele e o "antigo companheiro" são um só.

Em benefício dos leitores que não tiveram esta experiência, segue outra história, que me foi contada pelo ilustre cientista e devoto de Sai, o Dr. S. Bhagavantam. Ele a contou no carro, quando voltávamos de Puttaparthi, em 1979:

"Há uns vinte anos, quando minha devoção ainda era bem recente, fui a um lugar em Trivandrum onde várias pessoas se reuniam para ver Swami. Estava de pé perto dele, entre outras pessoas, quando o ouvi dizer, referindo-se a uma senhora idosa do outro lado da sala: 'Conheci aquela mulher quando ela era apenas um bebê.'

"Minha mente começou a questionar a possibilidade de tal fato e, após um tempo, eu disse a ele: 'Mas, Swami, aquela mulher deve ter uns 70 anos, enquanto você ainda está na casa dos 30. Como pode tê-la conhecido quando ela era um bebê?' 'Eu a conheci em minha vida anterior, em Shirdi', respondeu ele.

"Bem, como já disse, eu era apenas um devoto recente e alguém que gostava de questionar e testar tudo. O cientista em mim ainda se encontrava muito ativo, embora eu já tivesse visto muitas coisas inexplicáveis para a ciência. Hoje, eu teria aceitado a palavra de Bhagavan, mas naquele tempo precisei checar o que ele dissera.

"Após um tempo, criei a oportunidade, aproximando-me da senhora e iniciando uma conversa. Perguntei-lhe se já estivera em Shirdi. Ela respondeu que o tio a levava lá quando criança. De fato, segundo ela, Shirdi Baba dera-lhe um medalhão que ela ainda usava. Estendeu-o para que eu o visse.

"Todo este episódio foi uma experiência profundamente comovente para mim. Acima de tudo, convenceu-me de que os dois Sais eram um e o mesmo."

O ocultismo afirma que a ocupação do corpo pela entidade reencarnada não acontece completamente nem na concepção nem no nascimento. Ela surge em estágios durante a infância. Além disso, mesmo na maturidade, quando há uma maior integração, a alma individual total não está completamente imersa no corpo. Na verdade, ela nunca está completamente imersa.

Esta deve ser a mais enfática verdade de um Avatar. Shirdi Baba costumava dizer: "Não cometa o erro de pensar que eu sou esses três cúbitos e meio de corpo" (aproximadamente 1,90 metros de altura). O corpo é apenas o foco mundano de algo infinitamente maior.

É razoável supor que, quando Sai Baba deixou os três cúbitos e meio e tomou para si outro corpo muito menor, ele não tenha vindo por completo nesse novo veículo físico, com todos os seus poderes, até que este estivesse suficientemente desenvolvido para seu uso.

A próxima experiência de um antigo devoto de Sai Baba sugere que assim foi, e fornece mais evidências para os que têm dúvidas de que os dois Sais são um.

Sua Santidade Gayathri Swami passou um ano com Sai Baba em Shirdi, em 1906. Depois disso, passou a visitá-lo frequentemente até Shirdi Baba abandonar o corpo em 1918. Cerca de quarenta anos depois, Sua Santidade foi a Prasanthi Nilayam para ver a encarnação posterior do antigo guru como Sathya Sai.

Enquanto esteve lá, relatou às pessoas do *ashram* muitas anedotas sobre a vida em Shirdi. É sempre delicioso ouvir essas piadas e perceber como elas ecoam muitas coisas que acontecem agora em Puttaparthi. Até mesmo algumas das anedotas contadas por Sai Baba em Shirdi são repetidas nesta encarnação.

Contudo, a experiência mais importante de Gayathri Swami aconteceu na noite anterior à sua saída de Prasanthi Nilayam.

Durante aquela noite, ele teve uma visão na qual Sai Baba aparecia sob a antiga forma de Shirdi e lhe dizia que deixara seu Maha Samadhi oito anos depois e trouxera todas as suas propriedades de volta 15 anos depois.

No momento da visão, H. H. Gayathri Swami não sabia que Sathya Sai Baba nascera oito anos após a morte (*mahasamadhi*)* de Shirdi Baba. Também não sabia que o jovem Sathya Narayana Raju assumira o nome "Sai Baba" e começara a manifestar todos os poderes de Shirdi Baba, seguindo uma profunda experiência psíquica, cerca de 15 anos depois da concepção da nova encarnação.

Ele soube desses fatos biográficos por amigos em Prasanthi Nilayam, depois de lhes descrever sua visão. Compreendeu, então, conforme afirmou, o que a visão de Shirdi Baba queria dizer com "suas propriedades" — seus poderes.

O idoso e gentil Swami partiu alegremente convencido de que seu Shirdi Baba Sadguru estava de volta à Terra como Sai Baba de Puttaparthi.**

Há muitas histórias sobre Swami presente em mais de um lugar ao mesmo tempo. Nagamani Purnaiya, que esteve pela primeira vez com Baba em 1945, soube de vários eventos. Segue uma transcrição de seu livro *The Divine Leelas of Bhagavan Sri Sathya Sai Baba*.

---

* *Mahasamadhi*: esse termo é usado para designar a morte de um santo, um sábio iluminado. É também o nome da sepultura ou do local em que o santo tem seus restos mortais. (*N. do R.T.*)

** Essa história é relatada por N. Kasturi em seu livro *The Life of Bhagavan Sri Sathya Sai Baba*, vol. 1.

Escrevi em livros anteriores sobre Leela Mudaliar, uma professora de botânica em Madras, também responsável pelo Guindy Temple, que seu falecido pai dedicou a Shirdi Sai Baba.

Nagamani Purnaiya relata como certa vez Leela Mudaliar foi a Puttaparthi e pediu a Swamiji que fosse assistir a *akhanda bhajan** porque ela em breve estaria celebrando no Guindy Temple em Madras. Swami prometeu que iria.

Ela distribuiu vários convites impressos, e muitos devotos chegaram esperando ver Swami. Mas não havia nem sinal dele e, depois de esperar um longo tempo, Leela finalmente desistiu e foi acender a lâmpada para começar. Nesse momento, Swami chegou, e as 24 horas de *akhanda bhajan* iniciaram-se em sua presença. Swami estava ainda em Guindy na manhã seguinte e fez o ritual de *mahamangalaarati*. Ao meio-dia, Swami almoçou, abençoou todos os que estavam lá e partiu.

Leela escreveu uma carta a uma amiga em Puttaparthi descrevendo o evento e dizendo quão felizes todos estavam por Swami ter passado tanto tempo com eles. A amiga ficou muito confusa, pois Swami ficara em Puttaparthi durante todo o tempo. Escreveu a Leela, dizendo que devia haver algum engano, pois aquele fora um dia de festividade de *akhanda bhajan* em Puttaparthi, e Swamiji

---

* *Akhanda bhajan* é a prática de cantar hinos devocionais por um longo período (pelo menos 24 horas) ininterruptamente. (*N. do R.T.*)

esteve presente durante todo o tempo, assim ele não poderia ter estado em Madras.

Mas Leela sabia que ele estivera em Madras. Muitos estiveram no templo e o viram, até mesmo tocaram-lhe os pés. Contudo, muitos viram-no em Puttaparthi também. Por fim, elas chegaram à conclusão de que Swami estivera em ambos os lugares ao mesmo tempo — não apenas brevemente, mas por um longo período, fazendo multidões de devotos felizes em Madras e em Puttaparthi.

"Deus pode fazer milagres maravilhosos", conclui Nagamani Purnaiya.

Alguns grandes santos do passado também foram capazes de realizar bilocação. O próprio Krishnavatara multiplicou sua forma para acompanhar cada *gopi** na dança rasa. Então por que deveríamos duvidar de que o Sai Avatara é capaz de manifestar tantas formas dele próprio quantas forem necessárias em qualquer momento, impregnando cada uma com consciência divina e, se necessário, solidificando qualquer uma delas para dar a impressão de presença física? Ele é o Mestre da Forma — física e sutil.

---

* *Gopi*: pastores devotos de Krishna, Avatar que esteve na Terra cerca de 5 mil anos atrás. (*N. do R.T.*)

CAPÍTULO 5

Usando outras formas

Às vezes, Sathya Sai Baba muda de forma temporariamente para algo bastante diferente da aparência de Shirdi Baba. Por que será que ele opta por formas diferentes em determinadas circunstâncias? Não há dúvida de que há boas razões para isso, mas é provável que elas estejam além da compreensão humana. Eis alguns exemplos dessas incríveis e frequentemente dramáticas mudanças:

Um antigo e ardente devoto de Swami dirigia-se a Ootacamund (Ooty), com o motorista, para visitá-lo. Era noite, e o motorista se perdeu. O devoto, que não havia prestado atenção na rota, não tinha ideia de onde se encontravam, mas achou que estavam indo na direção errada.

Eles pararam e consideraram se deveriam voltar ou seguir até encontrar alguma placa indicativa. Havia uma boa lua, que os ajudava. De repente, enquanto eles conversavam, um homem surgiu ao lado do carro. Ele dirigia uma motocicleta e, para surpresa do devoto, vestia-se com seda — isso, ele conseguiu discernir sob a luz da lua, mas não a cor de suas longas roupas.

Depois de tomar conhecimento do dilema, o motociclista lhes disse que deveriam voltar e parar no primeiro cruzamento, e informou como deveriam proceder depois disso. Então, ele partiu e sumiu rapidamente — rápido demais, segundo o devoto.

Ao seguir as instruções do motociclista, eles logo alcançaram seu destino. Quando o devoto foi à presença de Swami, ele lhe disse casualmente:

— Você pegou a estrada errada. Eu enviei alguém para ajudá-lo.

Seria o motociclista fantasma o próprio Swami? O antigo devoto acredita que sim.

Quando Swami viaja de carro de Whitefield a Puttaparthi, ou de Whitefield a Madras, normalmente uma procissão de devotos costuma segui-lo. Por exemplo, quando fui afortunado o bastante para acompanhá-lo de Whitefield a Puttaparthi, perto do Natal de 1978, contei 11 carros nos seguindo.

Certa ocasião, na estrada que vai de Whitefield a Madras, um dos carros que seguiam na longa escolta de Sai enguiçou. Os outros veículos pararam e levaram os passageiros do carro enguiçado até Madras. O proprietário, que estava dirigindo o carro, disse que permaneceria no veículo, e pediu a um de seus amigos que enviasse um mecânico da primeira oficina que visse ao longo da estrada. Ele sabia que isso só seria possível depois de muitos quilômetros, mas, como não tinha conhecimento de mecanismo do motor, sentou-se para a longa espera.

O calor de verão ao meio-dia era muito opressivo no carro parado, e ele já estava se preparando para caminhar até a sombra de uma árvore, que ficava a cerca de 45 metros, quando viu um ciclista solitário pedalando em sua direção. Isso era surpreendente, pois o ciclista estava vindo de Whitefield, e ele sabia que, por muitos quilômetros, não passara por bicicleta alguma.

O ciclista parou e perguntou se podia ajudar.

— Não, a menos que você conheça um mecânico perto daqui.

— Eu sou mecânico — disse o ciclista, encaminhando-se para abrir o capô do carro. Em segundos, ele declarou: — A correia da ventoinha se partiu.

Em seguida, para surpresa e alívio do devoto, tirou do bolso uma correia nova do tipo e tamanho exatos do modelo do carro. Depois de colocá-la no lugar, o ciclista não aceitou nenhum dinheiro pelo trabalho e continuou sua jornada.

Agradecido por esse golpe de sorte, o devoto ligou o motor e seguiu em direção a Madras. O ciclista fazia uma curva logo adiante, e o devoto pensou que, quando o alcançasse, iria parar e tentar lhe pagar novamente ou, quem sabe, oferecer-lhe uma carona. Eles poderiam amarrar a bicicleta no rack, em cima das malas.

No entanto, quando o motorista fez a curva, a estrada que se estendia por quilômetros estava completamente vazia. O ciclista desaparecera no ar tremeluzente.

O devoto chegou a Madras e seguiu direto para onde Swami estava. Estacionou o carro na rua, entrou e esgueirou-se silenciosamente no quarto em que Swami falava com um grupo de pessoas. Ao encaminhar-se em direção a ele acanhadamente, esperançoso de tocar o Divino Pé, Swami acolheu-o sorrindo e disse:

— Então seu carro enguiçou. Eu enviei alguém até lá para ajudá-lo.

Assim como assume várias formas mundanas, Baba já assumiu várias Aparências Divinas tradicionais em diferentes ocasiões. Para algumas pessoas, ele se mostrou como Jesus Cristo, a outras como Subramaniam, como Krishna, como Rama, a um casal como a Deusa Lakshmi,* e assim por diante. Isso geralmente depende da ocasião e da *Ishtthadevata*, ou forma divina particular, normalmente louvada pela pessoa ou pelas pessoas em questão. Desse modo, Baba demonstra a lição que ensina constantemente — que Deus pode assumir qualquer forma, mas é sempre Uno e o Único Deus.

Se os seres humanos tivessem aceitado e compreendido essa verdade vedântica no passado, guerras religiosas e perseguições certamente não teriam acontecido. Todas as religiões poderiam ter coexistido sem atritos, com tolerância e harmonia.

A seguir, iria descrever os eventos nos quais Swami assumiu Formas Divinas específicas aos olhos de alguns devotos, ao mesmo tempo em que demonstrou outros poderes e compreensão divina.

Rama

O Senhor Rama foi a *Ishtthadevata*** do último rajá de Venkatagiri, embora os membros de sua família louvassem outras formas divinas. Quanto aos disfarces divinos usados pelo único Deus, cada um respeitava a escolha do outro.

---

* *Lakshmi*: deusa da fortuna; mãe divina. (*N. do R.T.*)

** *Ishtthadevata*: a forma divina escolhida por um devoto para adorar e reverenciar por toda a sua vida. (*N. do R.T.*)

Quando o rajá conheceu o jovem Sathya Sai Baba, teve certeza de que ele era um Avatar e passou a ter por ele profunda veneração. Suplicou ao Avatar que honrasse seu palácio passando algum tempo lá. Swami concordou em visitá-lo, e uma ocasião propícia foi marcada.

Como o filho mais velho do rajá estava fora na época da visita de Swami, ele pediu ao filho mais novo, Gopal, que pegasse o grande carro do palácio e fosse até Puttaparthi.

Gopal, entretanto, solicitou ao pai permissão para declinar da missão, pois, como me disse anos depois, seu único interesse naquela época era o críquete, que ele jogava por seu estado, Andhra Pradesh. Nem Sai Baba nem qualquer outra figura espiritual o interessavam.

Naquela noite, porém, ele sonhou que Swami vinha a ele e lhe dava duas mangas para comer. Após ter comido as frutas, ele acordou com um tremendo desejo de ir a Puttaparthi. Embora estivesse no meio da noite, ele pulou da cama e comunicou ao pai sua repentina mudança de ideia. O idoso rajá não se incomodou em ser acordado para ouvir a novidade surpreendente.

No dia seguinte, deu ao filho algumas instruções sobre a viagem, e uma delas foi que ele enviasse um telegrama no dia em que estivesse saindo de Puttaparthi com Swami e de cada centro principal que passasse no caminho para casa, informando-o sobre o avanço da viagem, e a hora aproximada de sua chegada.

A intenção do rajá era encontrar-se com Sai Baba fora dos portões e conduzi-lo pela cidade de Venkatagiri em procissão real. Deveria ser uma recepção com toda pompa e aparatos condizentes a um rei. Gopal prometeu fielmente que enviaria os telegramas como fora instruído, e partiu na longa viagem pelas acidentadas estradas até a remota e pouco conhecida aldeia de Puttaparthi.

Gopal disse-me que naquela época as estradas terminavam nas margens do rio Chitravati, em frente a Puttaparthi. Os passageiros tinham de atravessar o estreito riacho que corria através das extensas areias do leito do rio. Quando Gopal chegou, viu Swami nas areias e cruzou o riacho rapidamente em sua direção. Ao chegar lá, Swami sorriu, dando-lhe boas-vindas e dizendo: "Devem ter sido poderosas as mangas que você comeu."

Um esplendor parecia brilhar em torno do jovem Swami, e Gopal não conseguiu dizer nada. Baba bateu de leve em seu ombro e prosseguiu: "Nós partiremos para Venkatagiri dentro de no máximo três dias."

A partir daquele instante, o interesse de Gopal por críquete ficou em segundo plano. Embora Sai Baba fosse quase de sua idade, e nascido em uma aldeia, parecia saber tudo e estava inteiramente no comando de qualquer situação.

Após alguns dias em Puttaparthi, quando eles estavam prestes a partir, Gopal lembrou-se das instruções do pai sobre os telegramas e contou a Swami.

— Não haverá necessidade disso — sorriu Sai Baba.

Gopal nunca desobedecera ao pai, mas Swami controlava tudo de tal forma, emanando tanta confiança e poder, que Gopal achou que tudo sairia bem, e se esqueceu do pedido do pai.

Mesmo assim, ao se aproximarem de Venkatagiri, ele ficou um tanto surpreso e aliviado ao ver o pai e uma multidão aguardando fora dos portões para recebê-los.

Quando o rajá, à frente dos parentes e criados, deu um passo para saudar o visitante, em vez de Sai Baba, ele viu o Senhor

Rama sentado no carro. Não cabendo em si de tanta felicidade, ele conduziu o Avatar em procissão até o palácio.

Mais tarde, em um momento mais propício, Gopal perguntou ao pai como ele soubera a que horas o carro chegaria.

— Eu soube por seus telegramas, é claro — respondeu o rajá.

— Mas... mas eu não mandei nenhum telegrama. Sai Baba não deixou.

— O que você está dizendo? Não mandou nenhum telegrama?

O rajá pegou alguns dos telegramas e mostrou-os ao filho. Todos tinham o nome de Gopal no remetente. O filho balançou a cabeça, perplexo, diante do que estava vendo.

— Mas eu não mandei nenhum deles — insistiu ele.

O rajá ficou impressionado com a conduta do filho e começou a achar que algo estranho acontecera. Lembrou-se de que cada telegrama havia aparecido sobre a mesa enquanto ele se encontrava fora do quarto e de ter pensado que haviam sido deixados lá por algum dos criados. Agora ele iria averiguar o que de fato se passara.

Foi até o chefe do correio e perguntou se algum telegrama endereçado ao rajá fora recebido e entregue no palácio por aqueles dias.

— Não, nenhum — foi a resposta.

Então o rajá compreendeu, e Gopal começou a entender, que os telegramas tinham sido "precipitados" no palácio pelo poder do Senhor Rama.

Gopal, ao contrário do pai e do irmão mais velho, não se deu o trabalho de estudar as grandiosas escrituras hindus, mas passou a louvar Baba como a personificação do Divino. Essa percepção e compreensão espirituais foram intensificadas por vários acontecimentos ao longo dos anos que se seguiram àquela viagem miraculosa, quando o Senhor seguiu pela primeira vez a seu lado até sua morada ancestral.

— Agora eu tenho dois interesses na vida: Swami e críquete — ele me disse, numa típica e lacônica declaração em 1979.

O reino de Venkatagiri manteve-se de pé por aproximadamente mil anos antes de seguir o mesmo caminho de todos os antigos reinos indianos após a Independência em 1947 — não oficial. Mas os títulos reais ainda são utilizados de modo oficioso pela maioria dos que conhecem as famílias.

Além da família de Venkatagiri, encontrei outros descendentes da antiga casta de guerreiros aos pés de Sai Baba. Na figura do Senhor Sai Baba, eles veem o retorno do Senhor Rama e do Senhor Krishna, que agitaram o mundo de seus ancestrais muito tempo atrás.

* * *

A história, a seguir, que diz respeito a um grande santo, compositor e cantor popular, é também associada à Casa de Venkatagiri. O santo-compositor Thyagaraja nasceu perto de Tanjore, ao sul do estado de Tamilnadu (anteriormente Estado de Madras), em 1757. Tornou-se um devoto do Senhor Rama, praticando *namasmarana* a este Nome com tanta constância e fervor que, aos 30 anos, teve uma visão do Senhor Rama e de seu irmão, Lakshmana.

O amor de Thyagaraja por Rama era expresso por meio de sua música. Dizem que, durante sua vida, ele compôs quatro mil músicas dedicadas ao Senhor Rama. Cerca de duzentas composições ainda são ouvidas hoje em dia, e muitas se tornaram populares durante a primeira metade do século XX, pela conhecida cantora Nagaratnama. Ela também tornou-se uma devota do Senhor Rama.

Quando essa imensamente amada cantora se retirou dos palcos, foi morar na vila perto de Tanjore, onde estava a sepultura de Thyagaraja. Na verdade, diz-se que ela doou grande parte da fortuna adquirida enquanto cantava à benfeitoria e à manutenção do *mahasamadhi* (sepultura sagrada e lugar de louvor) dele.

Durante seu retiro, Nagaratnama passava grande parte do tempo meditando sobre o Senhor Rama no *mahasamadhi* do grande santo que passara a vida expressando sua devoção por Rama nas músicas que ela adorava.

Um dia, no ano de 1951, enquanto meditava sobre Rama perto da sepultura do santo, Nagaratnama teve uma visão. A forma de Thyagaraja surgiu diante dela e disse: "Por que procura o Senhor Rama aqui? Ele agora está em Venkatagiri na forma de Sai Baba."

Nagaratnama, que já ouvira falar de Sai Baba, enviou imediatamente um telegrama ao rajá perguntando por quanto tempo Sai Baba ficaria por lá e se ela poderia visitá-lo. O rajá respondeu que o Senhor estaria lá por mais alguns dias, e que ela seria bem-vinda a seu palácio.

A cantora idosa partiu de carro no mesmo dia e dirigiu sem descanso cerca de 600 quilômetros até Venkatagiri. Quando, no fim da longa jornada, Sai Baba ficou diante dela, Nagaratnama viu a Forma do Senhor Rama e entrou em transe. Permaneceu no transe por algumas horas, até Baba colocar a mão em sua cabeça e trazê-la de volta à consciência.

Em seguida ela teve a imensa alegria de sentar-se ao lado de Swami e com ele cantar as músicas devocionais de Thyagaraja. No ano seguinte ao desse *darshan* abençoado do Senhor Rama, a famosa cantora faleceu.

Dattatreya

O próximo evento aconteceu na floresta do Santuário da Vida Selvagem de Bandipur, perto das montanhas Nilgiri. Trata-se do lugar favorito do Senhor, que frequentemente passa por lá em sua jornada de ida e volta de casa até a escola em Ootacamund (Ooty).

Minha esposa e eu soubemos disso por duas pessoas que viram tudo. A primeira foi o coronel Jogarao. Poucos dias depois, num carro que seguia Swami até Madras, ouvimos a mesma história da Sra. Brij Ratanlal, que vive em uma pequena casa em Brindavan, perto de Swami. Como Marta na Bíblia, ela expressa sua devoção a Swami servindo-o de forma prática.

A Sra. Ratanlal frequentemente tem permissão para viajar com um grupo de devotos que acompanham Swami. Se durante a jornada Swami planejar parar na estrada para um piquenique, é ela quem vai passar a maior parte da noite anterior cozinhando para o grupo. A preparação da comida de Brij Ratanlal é impregnada de amor ao Senhor e, assim como outras mulheres devotas que conheço, ela é realmente uma excelente cozinheira.

Nessa viagem especial, ela nos contou algumas experiências maravilhosas que viveu com Sai, e nós não a interrompemos quando ouvimos a mesma história que Jogarao já nos havia contado. Achamos que seria bom ouvir ambas as versões. Na verdade, elas são iguais em essência. Mas cada narrador acrescentou um ou dois detalhes que o outro deixara passar, ou que talvez nem sequer conhecesse. Eis a história composta com os dois relatos:

S. O. Jogarao, coronel aposentado do Exército Indiano de Engenheiros, é também um devoto prático. Na maior parte do tempo, ele exerce a função de chefe do vasto programa de construções de Baba, e isso, é claro, o leva a ter contato frequente com o Senhor em conferências e durante as instruções.

Um feliz e animado karma yogue, Jogarao não se interessava pelos fundamentos da metafísica, mas em determinado momento teve um forte desejo de ver a "Forma Divina". Certo dia, quando ele suplicava que lhe fosse revelada a "Forma Divina", Swami sorriu, encorajando-o, e Jogarao sentiu que, em breve, seria abençoado com a visão.

Pouco depois, ele partiu com alguns de seus colegas estudantes, a Sra. Ratanlal e algumas outras pessoas numa jornada com Swami. O grupo parou por algum tempo na floresta do Santuário, e logo os estudantes começaram a tirar fotografias com suas Polaroids. Cada foto era uma tomada de Swami ao lado de uma pessoa do grupo e, quando saía da máquina, Swami a entregava à pessoa em questão. Aquilo era um *souvenir* da ocasião.

Eu também já participei de uma ocasião dessas, e tenho um estimado *souvenir* de minha esposa e eu ao lado de Swami, fotografia que foi tirada durante uma pausa do almoço nessa mesma floresta.

Naquela ocasião, segundo os dois narradores, depois que muitos do grupo já haviam sido fotografados ao lado de Swami, ele disse que seria fotografado sozinho e manteve-se bem afastado do grupo. Quando o estudante-fotógrafo começou a focalizar a câmera cuidadosamente, a Sra. Ratanlal encaminhou-se na direção de Swami, indicando que iria arrumar sua túnica, para que as pregas caíssem de forma elegante — exatamente como uma mãe gosta de arrumar a roupa da criança antes de tirar fotografias.

— Afaste-se — disse Swami, com voz de comando. Assustada, ela recuou, sem tocar na túnica dele.

Quando a fotografia saiu da câmera, Swami disse ao estudante que a entregasse a Jogarao. Confuso, porém satisfeito, o estudante permaneceu segurando a negra impressão enquanto a imagem surgia vagarosamente. No entanto, em vez da bem conhecida imagem de Sai Baba, ali surgiu a imagem do Senhor Dattatreya, com as três cabeças. Jogarao ficou atordoado e sem fala; o Senhor respondera à sua prece de maneira totalmente inesperada.

A fotografia foi passada de mão em mão para que todos pudessem vê-la. Nesse ínterim, Swami explicou calmamente à Sra. Ratanlal: "Se você tivesse me tocado, o poder a teria matado."

Eu entendi melhor essa declaração depois que Venkatagiri me relatou um incidente ocorrido durante a juventude de Swami. Certa vez, quando Swami estava deitado em um sofá num dos grandes quartos do palácio, ele disse a Gopal: "Não agarre meus pés; toque-os delicadamente com as pontas dos dedos."

Foi o que Gopal fez. O poder arremessou-o violentamente contra a parede. Segundo ele, foi como receber um choque de alta-tensão.

Evidentemente, o poder que corria por Swami, enquanto ele criava a forma de Dattatreya para a câmera, era forte o bastante para matar qualquer um que o tocasse.

— Por que ele se revelou a você como Dattatreya, e não como Rama ou Krishna, que parece ser a forma que ele assume com mais frequência? — perguntei a Jogarao.

— Ah, Dattatreya é sua forma verdadeira — respondeu ele.

Mas um filósofo espiritualista observou:

— Todas as formas são verdadeiras. Ou melhor, ele não possui nenhuma forma verdadeira.

Esta é a mais profunda verdade, é claro. Ainda assim, senti que na observação de Jogarao havia algo que ele não podia ou não queria explicar. Haveria alguma ligação especial entre Dattatreya e as formas de Sai?

Mais tarde, ao ler um artigo escrito pelo Dr. Charles White, na época professor de filosofia e religião na American University, Washington, D.C., uma luz se acendeu sobre esse mistério.

Iris e eu conhecemos Charles White como teosofista e, a seu pedido, nós o levamos a Sai Baba, em 1970. Ele foi com um de seus estudantes, um padre jesuíta que se dedicava à religião comparada. Juntos, eles filmaram as atividades de Swami para mostrar aos estudantes na América.

A visita e o vídeo eram parte de um estudo do Dr. White sobre hinduísmo por meio de seus santos do passado e do presente. Dois anos depois, ele publicou em *The Journal of Asian Studies* (agosto, 1972) um artigo intitulado "O movimento Sai Baba: comparações com o estudo dos santos indianos", que saiu em forma de brochura. Charles White gentilmente me deu uma cópia.

No artigo, ele estabelece conexão entre um grande número de santos, ascetas e avatares. Em uma delas, estão Goraknath (um asceta do século XII), Kabir (santo-poeta do século XV), Dattatreya (o sexto avatar de Vishnu), Shirdi Sai Baba e Sathya Sai Baba.

White destacou o que havia de comum entre eles: a tentativa de unir diferentes religiões (especialmente as religiões hindu e muçulmana), o uso de poderes miraculosos, o fogo perpétuo sempre aceso como o foco da vida religiosa e o extraordinário amor pelos animais.

Quanto ao último aspecto, Dattatreya é apresentado iconograficamente cercado por animais, inclusive cachorros. Kabir e Shirdi Baba tinham grande amor pelos animais. Sai Baba tem um verdadeiro zoológico particular. Com grande amor, ele abriga muitos animais, incluindo a elefanta Sai Gita, um camelo, vários cachorros, pássaros, coelhos e um cervo malhado.

No aspecto do fogo perpétuo, com Shirdi Baba ele se manteve aceso formando cinza sagrada, mas com Sai Baba parece queimar noutra dimensão, já que ele materializa cinza sagrada ou *vibhuti* com as mãos.

No tocante a poderes miraculosos, em Sai Baba eles se intensificaram, e ele continua, de modo ativo, tentando promover a união de diferentes religiões.

Discuti o artigo do Dr. White com alguns dos seguidores mais eruditos de Baba. A maioria pareceu considerar que havia algo nas ideias de White — algum vínculo de nosso presente Avatar, com Dattatreya, Kabir e possivelmente Goraknath. Mas ninguém soube dizer qual era.

Em seu livro *Life of Sai Baba*, o biógrafo H. H. Narasimha Swamiji relata que Shirdi Sai Baba disse a seus seguidores que ele tinha sido Kabir em uma vida anterior.* E não há dúvidas de que Sathya Sai seja uma encarnação de Shirdi Sai.**

Além disso, Sri N. Kasturi recorda-se de um evento que parece ter algum significado nessa ligação, e que resumimos a seguir: um devoto de Dattatreya pediu a seu guru para ir a Puttaparthi para as bênçãos de Sri Sathya Sai Baba, que era, segundo ele, uma encarnação de Dattatreya. O guru respondeu que ele próprio era muito idoso para a viagem, mas que seu estudante deveria ir para o *darshan* de Baba.

Assim fez o discípulo de Dattatreya, que foi chamado para uma entrevista. As primeiras palavras de Swami para ele foram: "Venha! Tenha seu *namaskaram* (faça sua homenagem). Este é o *Peetham* (base, local, lugar de descanso) de Dattatreya para você."

Kasturi escreve: "Dattatreya é louvado nos *Puranas* como 'Aquele que vai a todos os lugares no mesmo instante' em resposta a chamados, orações, súplicas vindas de todas as direções — por intercessão, consolo, força e alívio." Estas palavras poderiam ter sido escritas para descrever Sai Baba.***

---

* Essa informação é improcedente. Um Avatar jamais poderia ser uma "reencarnação". Sai Baba não renasce, mas "desce", pois é um Avatar. Muitas "histórias" relacionadas a Sai Baba de Shirdi são inverídicas, como o próprio Sathya Sai Baba já afirmou.

** H. H. Narasimha Swamiji, *Life of Sai Baba* (Madras, Índia: All India Sai Samaj, 1955).

*** N. Kasturi, *The Life of Bhagavan Sri Sathya Sai Baba*, vol. 1.

Portanto, embora em essência todos os avatares estejam cientes de sua unidade com Deus e se identifiquem uns com os outros, em outro nível deve haver relacionamentos especiais. Como pessoas, é possível que haja ligações especiais e personalidades semelhantes entre certos santos e avatares. A una e única Pessoa Divina poderia ter encarnado em diferentes períodos, como, por exemplo, Kabir, Dattatreya e Sai Baba.

CAPÍTULO 6

Transformando e salvando pessoas

Muitas pessoas afirmam que o maior milagre de Sai Baba é como ele transforma o coração, a mente e a vida dos seres humanos. A transformação é voltada a uma saúde melhor, maior felicidade e um viver mais significativo e mais iluminado.

Não é algo fácil, pois temos livre-arbítrio, ou pelo menos um bom grau disso. O maior desejo de cada um de nós é ser livre, pois Deus nos fez dessa forma. Mas, com a liberdade, vem a responsabilidade. E como a mente humana comete muitos erros, o preço da liberdade pode ser o sofrimento. Somente pelo sofrimento gerado de nossos erros adquirimos a onisciência. O crescimento espiritual que leva à onisciência deve ser alcançado na escola da adversidade.

Então, se faz parte do contrato divino não nos manipular como marionetes, de que forma Deus pode nos transformar? Qual poder divino é capaz de alterar o interior do ser humano e, assim, salvar a humanidade da consequência suicida de erros constantes e cumulativos? A alquimia da transformação humana não será efetuada por meio de sábios e convincentes argumentos à mente pensante, mas sim pelo sutil e persuasivo poder do amor. Às vezes, o processo é rápido, mas deter um grande número de pessoas é algo bem lento. Podemos ver ambos os exemplos acontecendo em torno de Sai Baba.

Um observador só consegue contemplar uma pequena parcela dos milhares de indivíduos nos quais Baba realizou a transformação interior, mas isto é suficiente para se ter uma ideia do quadro geral. A maioria das pessoas que procuram Sai Baba pela primeira vez tem algum tipo de problema mundano. Ele resolve o problema e, ao mesmo tempo, realiza uma mudança sutil na própria pessoa. Anos mais tarde, ela percebe que o problema era insignificante, mas que interiormente passou por uma grande transformação.

Quando vi Swami pela primeira vez, eu mesmo não tinha nenhum problema específico. Era um filósofo viajando pelo mundo em busca da Verdade à luz da razão.

Durante minha busca, encontrei alguns fragmentos da verdade que amplia o horizonte mental e traz prazer e contentamento à mente. Mas ainda havia uma insatisfação interior, um anseio por algo que trouxesse satisfação e paz a todo o meu ser.

Então, no momento em que fiquei sozinho com Sai Baba, sua miraculosa flecha de Amor Divino penetrou na carapaça que envolvia meu coração e uma mudança teve início. O impacto foi súbito e tremendo, mas seu efeito em minha vida foi gradual. Vou tentar descrevê-lo.

Mentalmente, eu me vi em um novo ponto de observação no qual o panorama da vida era diferente. As luzes brilhavam menos intensamente em alguns antigos pontos culminantes de minha vida, enquanto em outros tornavam-se mais claras e brilhantes. O sucesso material, a fama, os prazeres mundanos, por exemplo, começaram a se dissipar no cenário do passado. Haviam se tornado menos atraentes, menos tentadores. Em seu lugar, outros pontos altos começaram a clamar ao coração e pedir que fossem escalados. Alguns deles podem ser chamados de serviço a Deus, à humanidade e à Consciência Divina.

Eu já sabia que meu *dharma* era escrever. Swami confirmou isso. Mas sob sua influência, sem qualquer palavra dita sobre o assunto, minha motivação mudou. Em vez de aspirar à fama e à fortuna, ou simplesmente escrever para ganhar a vida como antes, comecei a mirar outro alvo. Dali em diante, independentemente do que acontecesse, eu iria me empenhar para expressar a Verdade como a vi, e desse modo servir a Deus e à humanidade.

Não tenho a pretensão de atingir os altos estados de *nishkamakarma* (ações sem desejo), mas tento desempenhar minha função com amor, confiando a Deus o resultado de meu desempenho. Eu tento. E assim descobri um caminho profissional que me dá grande satisfação.

Além da transformação profissional, desenvolvi, também sob a benigna influência de meu Avatar-guru, um modo mais equilibrado, compreensivo e criativo de lidar com as questões da vida. Eu me considero um afortunado pelo fato de minha esposa e eu termos encontrado Swami juntos. Logo depois, ele nos disse que nosso casamento estava firmemente baseado em uma profunda unidade espiritual e permanente amizade de uma vida anterior.

"Havia apenas vocês dois", foi sua contundente descrição de nosso relacionamento. Então, acrescentou enigmaticamente: "Mas agora somos três."

A princípio, não percebemos a verdade profunda dessa simples constatação; mais tarde, porém, compreendemos o que ele quis nos dizer. Agora sentimos que ele está sempre conosco — o mais importante de nós três. O ingrediente de Amor Divino é escrito com crescente contentamento na receita de cada dia. Quando o medo ou a preocupação tenta nos envolver, lembramo-nos de suas palavras: "Por que temer quando Eu estou aqui?" Então, como ele está sempre aqui, por que temer?

A vida adquire um novo significado quando você sabe, sem dúvida alguma, que Deus está dentro de você e à sua volta, guiando seus passos, compreendendo e perdoando quando eles vacilam. Swami fixou uma meta para nós e, embora o caminho seja algumas vezes difícil, conhecemos o verdadeiro propósito e objetivo da vida, e temos certeza de que iremos alcançá-los no fim. Tal convicção traz uma nota estável de alegria e paz que nos faz perceber quão vazia era a vida antes de conhecermos o amor do Senhor.

Muitos devotos de Sai com os quais conversei sobre esse assunto me disseram como Baba mudou sua qualidade de vida, ao lhes apresentar um novo conjunto de valores — substituindo o prazer dos sentidos por alegrias espirituais mais duráveis e mais satisfatórias.

Um bom exemplo é o Dr. Prakash Sharma, que tinha uma próspera carreira médica na Austrália. "Eu costumava me divertir — ou pensava que me divertia — bebendo álcool, fumando cigarros e conversando sobre assuntos fúteis em coquetéis e em reuniões de clubes", disse ele. Para resumir, logo depois que ele foi para a Austrália, mergulhou fundo na típica vida social do país.

Por ser um recém-chegado, ele não conhecia os artifícios de certos empreiteiros inescrupulosos, que exploravam a valorização de imóveis. Ao cair nas garras de um deles, por meio de contatos sociais, perdeu milhares de dólares e encontrou muita dificuldade para construir uma casa para a família. Além disso, por causa de línguas caluniosas, sua carreira médica quase terminou.

Nessa mesma época, o doutor entrou em contato com alguns membros da Família Sai em Sidney e começou a frequentar os encontros no Centro Sai. Foi quando começou a sentir que Swami estava com ele, ajudando-o em seus difíceis problemas. Na verdade, sua fé foi aumentando à medida que as adversidades se intensificavam e, no fim, ele deu a volta por cima. Ele conseguiu, de fato, superar a situação, uma vez que perdoou todos que o enganaram. "Foi por intermédio deles", disse, "e pelo sofrimento que me causaram, que me aproximei cada vez mais de Swami. Então, realmente, devo agradecer a eles pelo que fizeram."

A transformação que fez com que ele perdoasse seus inimigos realizou também uma mudança completa em seus hábitos sociais: "Agora que eu tenho Swami, as atividades sociais de que eu costumava participar não me interessam mais. Gosto simplesmente de estar em casa com minha família, ou de encontrar os amigos Sai e conversar sobre o Senhor. Sou bem mais feliz assim."

O Dr. Sharma promoveu *bhajans* e grupos de estudo em sua casa assim que ela ficou pronta. Depois veio um forte desejo de servir ao Senhor executando algum serviço médico gratuito em que fosse mais necessário. Finalmente, concluiu que a maior necessidade desse tipo de trabalho residia em seu próprio país. Então, com total consentimento da esposa e dos filhos, todos grandes devotos de Sai, abandonou novamente a próspera carreira médica, vendeu a casa e os bens, e voltou para a Índia. Ele sabia que o padrão de conforto familiar cairia consideravelmente. "Mas não tem problema", garantiu ele. "Estarei servindo melhor ao Senhor, atendendo meu próprio povo." Ele também tinha fé de que seus filhos, um menino e uma menina, conseguiriam ingressar em um dos colégios de Swami — e assim passariam a ter a melhor educação possível.

Transformando "cachorros" em "luminárias"

Swami também concentra sua atenção na educação da juventude. É nesse período da vida que as profundas mudanças realizadas por ele no caráter humano são mais perceptíveis.

Um grande educador da Índia declarou recentemente que violentos padrões de comportamento (tão comuns nas universidades ocidentais) estão chegando à Índia. Vício em drogas, vida libertina, alcoolismo, agitação política, com ameaças de violência, fazem parte do padrão. Os pais indianos estão muito relutantes em enviar seus filhos para essa corrompida e desmoralizante atmosfera. Mas que alternativa eles têm?

Mesmo um breve relato sobre os Colégios Sai Baba é o bastante para mostrar o grande contraste entre seu padrão de ensino e os repugnantes e deprimentes padrões que estão se tornando comuns em outros lugares.

O Dr. S. Bhagavantham, que é um observador próximo e perspicaz dos Colégios Sai, descreve o quadro melhor do que eu poderia fazê-lo. Em um artigo publicado na revista *Idade de Ouro*, ele escreve:

> Para saber quais são os ideais praticados e o modo de vida adotado por cada residente, qualquer pessoa, até mesmo um simples visitante, só precisa visitar um dos Colégios Sathya Sai Baba e um dos albergues.
> [...] Nestes colégios, o trabalho digno e a vida simples não são meramente falados, mas praticados [...]. Os estudantes trabalham na cozinha, na leiteria, no hospital e nas vilas. Diz-se que não há uma habilidade sequer, nem ramo de conhecimento que os estudantes destes colégios não adquiram com alto grau de proficiência... Há, entre eles, dançarinos, cantores, cozinheiros, serventes, enfermeiras, conferencistas, oradores, eletricistas, mecânicos e eruditos em *Vedas*,* exibindo suas aptidões de forma habilidosa, mas com uma louvável humildade. A presteza em servir aos necessitados e aos doentes de forma desinteressada é tão óbvia que as pessoas que vivem temporariamente nos albergues com eles sentem-se frequentemente envergonhadas do orgulho e do ego que trazem consigo.
> O que não é facilmente explicável é que, em meio a tantas atividades, a excelência acadêmica desses estudantes se sobressaia e seja demonstrada todo ano na ótima classificação obtida por eles em todas as provas administradas por outras universidades.

---

* Escrituras Sagradas adotadas no hinduísmo. (*N. do R.T.*)

Um aspecto notável é o fato de haver alguns estudantes que são, de certo modo, as crianças mimadas de pais influentes educadas em outras escolas até se tornarem completamente corrompidas e abandonadas pelos pais, sendo consideradas irrecuperáveis. Esses jovens, depois que ingressam nos colégios e albergues Sai, mudam tanto que seus pais e professores anteriores não acreditam nos próprios olhos quando veem sua transformação. Basta alguém conversar com esses pais, como eu fiz várias vezes, para perceber quão agradecidos à Providência eles são, por terem levado suas crianças a uma instituição educacional única, que provê uma nova forma de vida para a juventude. A transformação dos jovens é o maior e o mais impressionante de todos os milagres que vi Sri Sathya Sai Baba executar. Cada delinquente é tratado de forma adequada a seu caso, e não existem dois iguais.*

"Ele transforma vira-latas em luminárias", escreveu sucintamente um estudante. Adicionando isso a meu testemunho de médico confiável, fiquei encantado e fascinado ao ver como esses estudantes servem aos mais velhos, com entusiasmo e sincero respeito, sempre que uma oportunidade surge. Todos são calados, só falam quando necessário, e suas condutas são perfeitas. É uma alegria estar na companhia desses jovens filhos de Deus

---

* De um artigo escrito pelo Dr. S. Bhagavantham na *Era de ouro*, 1979, uma revista anual do *ashram* publicada pela Prasanthi Nilayam Press, Índia.

e fazer palestra para eles em suas salas de leitura, como tive a honra de fazer em diversas ocasiões.

Uma vez, por exemplo, eu acabara de chegar à Índia e fui anonimamente a uma assembleia de alunos e professores para ouvir Swami falar. Antes que começasse, porém, ele me chamou lá na frente e disse: "Dê alguns conselhos a estes estudantes! Por mais ou menos uns dez minutos."

Fui pego de surpresa. Como poderia aconselhar aqueles jovens homens que pareciam bem próximos da perfeição? Mas, quando Swami diz "fale", a pessoa fala. O tema de meu curto discurso foi a sorte que eles tinham de estar em tal instituição de ensino, sob a influência direta do Avatar. Meu conselho foi para que se preparassem para aquilo que eu estava certo de que eles haviam sido escolhidos para ser — os instrumentos perfeitos utilizados na divina missão do Avatar. Onde quer que se encontrassem depois daquela época como estudantes, deveriam sempre se recordar de seus papéis como ajudantes de Deus na salvação da humanidade.

Em seguida, Swami levantou-se e bronqueou com eles por aproximadamente uma hora. Fiquei pasmo. Contudo, sentado diante deles, pude ver um mar de ávidos rostos jovens. Estranhamente, eles não pareciam de forma alguma abatidos pela severa censura que recebiam de Swami. Cada face continuava a brilhar com amor e veneração, enquanto eles bebiam cada palavra.

Comecei a achar que talvez eu tivesse errado em elogiá-los quando Swami fazia exatamente o oposto. Mas depois, enquanto ele saía, olhou para mim, sorriu e disse: "Foi um bom conselho o que você deu a eles."

Então perguntei ao diretor do Colégio, nosso antigo amigo, professor D. Narender, por que Swami punia os estudantes daquela forma.

— Ah — respondeu ele —, um ou dois deles andou se comportando mal. Aqueles aos quais a carapuça serve acabam por vesti-la. Os outros recebem uma mensagem saudável dos altos padrões exigidos.

— Mas eles pareciam tão imperturbáveis... bastante felizes, na verdade.

— Bem, eles estão sempre felizes em estar aos pés de Swami e em ouvi-lo falar, seja o que for que ele esteja dizendo. Eles sabem que ele os ama — explicou Narender.

Esta é a chave. Swami é um disciplinador rigoroso, mas seu grande amor cicatriza qualquer ferida que possa ser infligida pela afiada punição verbal.

Dentes de crocodilo

Já ouvi casos em que a Divina Graça do Senhor Sai resgatou pessoas da boca da destruição por causa do vício em drogas. Tive conhecimento de vários deles.

Houve, por exemplo, uma jovem mulher vinda de um país europeu que, por razões óbvias, não será identificada. Minha esposa e eu a conhecemos durante uma de nossas estadas nos *ashrams* de Swami.

Ela usava heroína havia muitos anos quando foi pela primeira vez a Sai Baba, clamando desesperadamente por ajuda. Surpreendentemente, a partir do momento em que ela o viu, seu desejo compulsório por droga pareceu sumir. Ele disse à mulher que ficasse na Índia, perto dele, pois, se ela voltasse a seu país, logo estaria morta. Ela entendeu a mensagem — não estava apta a resistir às más influências dos antigos parceiros na droga. Ficar perto de Swami foi uma terapia fácil para ela. Se ela teve qualquer um dos sintomas usuais da ausência de droga, nunca os mencionou. E nenhuma dificuldade ou desconforto parecia perturbá-la. Se Swami fosse de Whitefield a Puttaparthi, ou vice-versa, ela pulava em algum ônibus e rumava para lá; quando ele chegava, ela seguia para seu próximo destino. A dificuldade de transportes públicos, a austeridade das acomodações, os problemas com a comida indiana, o calor do verão indiano, as dificuldades de comunicação com a população local — em vez de esses transtornos a levarem de volta às drogas, como seria de se esperar, eles se tornaram insignificantes, banhados pela constante corrente de amor do Senhor.

Quando a vimos pela última vez, ela já estava com Swami havia muitos meses. Ele era seu ponto de apoio — seu centro de reabilitação por excelência —, salvando-a da destruição e trazendo-a de volta à vida normal. Chegaria o momento em que ela retornaria em segurança a seu próprio país.

O próximo caso tem um interesse especial, pois diz respeito a um médico do distrito no qual Baba nasceu. Conforme o próprio médico declarou, ele cursou o secundário, atual ensino médio, com Sathya Narayana Raju (Sai Baba). Ele contou sua história na *Sanathana Sarathi** (a revista do *ashram*) alguns anos atrás, e aqui está ela, em sua essência:

---

* Revista mensal publicada pela Organização Sai da Índia contendo recentes discursos de Sai Baba e informação sobre a Organização no mundo todo. (*N. do R.T.*)

"Sou um médico, há alguns anos engajado em minha profissão, em Uravakonda, distrito de Anantapur, Andhra Pradesh. O impacto de alguns acontecimentos inesperados me desorientaram e acabei me envolvendo no vicioso hábito de tomar injeções de morfina.

"Isso começou com duas injeções diárias. Em oito dias, a partir de junho de 1968, eu já estava tomando quatro injeções por dia. Na quinzena seguinte, eu precisava de oito e, em um mês, eu era forçado a me aplicar 16 injeções por dia. Um mês depois, meu corpo pediu para aumentar para vinte. Essa situação permaneceu por três meses, até eu ser obrigado a tomar trinta injeções diariamente. Eu não conseguia encontrar nenhuma forma de diminuir a dosagem.

"Minha renda com a prática médica variava de 800 a 1.000 rupias mensais, valor insuficiente para a morfina que eu tinha de aplicar em mim mesmo. Então, vendi 5 acres de terra por 13.000 rupias. Essa quantia, adicionada à minha renda, foi suficiente por apenas 16 meses. Depois vendi mais 3 acres por 10.000 rupias, e isso, de alguma forma, me permitiu passar outros 16 meses escravizado ao hábito.

"No fim desse período, eu não tinha nenhum dinheiro sobrando, então vendi as áreas para construção que eu possuía na cidade por 6.000 rupias — e gastei tudo em morfina durante os oito meses seguintes.

"Eu tenho dez filhos — seis meninas e quatro meninos. Minha mulher é falecida. Eu não lhes dava atenção alguma e não sabia de que modo eles subsistiam. É claro que passavam necessidades, e devem ter sofrido muito. Eles costumavam esperar fora do consultório e, quando viam algum paciente me dando dinheiro, choravam pedindo: 'Pai! Dê-nos dinheiro. Vamos comprar algo com ele para algumas refeições!' Mas eu costumava afastá-los com abomináveis interjeições. Não me importava com o que comiam ou se conseguiam comer.

"Evidentemente, de vez em quando, alguns pacientes costumavam dar dinheiro às crianças, parte de qualquer taxa que estivessem devendo a mim, e dessa escassa fonte eles conseguiam manter carne e ossos unidos. Desse modo, passaram-se nove anos.

"Eu me encontrava em um estado de profundo desespero. Não conseguia reduzir o consumo. Quando era forçado a tomar menos do que o de costume, sofria de extrema agonia: dor por todo o corpo, bocejos, suor, medo, efusão de saliva, gagueira, cãibras — tudo isso me causava enorme angústia.

"Por conta do alto custo de meu vício, minha família foi arruinada, minha carreira médica praticamente ruiu e minha saúde física deteriorava-se dia após dia. Como eu poderia escapar das espirais da droga? Como?

"Um de meus amigos que era vítima da morfina foi a Madras para uma operação craniana que, segundo disseram, curaria seu vício. Outro médico amigo também foi a Madras para um tratamento que levaria cerca de quatro meses. Ambos se curaram do vício, mas isso custou ao primeiro 3.500 rupias, e ao segundo, 5.000 rupias. Embora eu quisesse ir também, não tinha dinheiro.

"Para continuar com as injeções, suplicava, pedia dinheiro emprestado, visitava hospitais e, de alguma forma, conseguia morfina em quantidade suficiente para aplicar minha cota diária de trinta a 35 injeções. Em nove anos, eu gastara 40.000 rupias, e ainda assim não conseguia deixar o vício nem diminuir o consumo. Você se solta mais rapidamente dos dentes de um crocodilo do que se liberta do vício da morfina.

"Nesse ínterim, os devotos de *Bhagavan* Baba ou Sri Sathya deram início a um *bhajan samaj* em nossa cidade. Era organizado por meu amigo, Dr. N. Anjaneyulu, M. A., Ph.D., e acontecia todas as quintas-feiras no Templo de Subrahmaneswara, perto de casa. Numa quinta-feira, fui ao templo, sentei-me num canto distante e fiquei ouvindo os *bhajans*.

"Durante a cantoria, um pensamento me veio à mente: 'Baba! Você foi meu colega de classe aqui no curso secundário, há muitos anos. Você deve estar lembrado de mim. Você deve estar sabendo em que abismo me encontro por causa desse vício. Algumas pessoas têm dúvida sobre sua divindade, enquanto muitas outras acreditam que você é Deus na Terra. Eu não quero me envolver nessa controvérsia. Quero descobrir, por experiência própria, a Verdade. Bem, se você puder me abençoar com coragem e força para escapar desse vicioso hábito de usar morfina, acreditarei que você é Deus.' Com esse voto, feito de todo coração, eu me acalmei.

"Em poucos segundos, o *bhajan* terminou. Eles distribuíram *vibhuti prasad** a todos. Com os pacotes nas mãos como um precioso presente, e contando com a ajuda de Baba, voltei para casa.

"Decidi que, independentemente do que acontecesse, por mais difíceis que fossem as circunstâncias, eu não tomaria uma única injeção de morfina por três dias inteiros. 'Se no quarto dia

---

* *Vibhuti prasad* (alimento sagrado): é costume nos centros Sai oferecer a sagrada cinza aos devotos, que normalmente a comem. (*N. do R.T.*)

eu estiver livre dos tentáculos da morfina, adorarei Baba exatamente como essas pessoas estão fazendo no templo', disse a mim mesmo.

"No primeiro dia não tomei nenhuma injeção — nem mesmo uma. Naquele dia, não tive nenhum chamado da natureza. Tive suor abundante, cãibras, uma sensação de ardência em todo o corpo, pensamentos incorrentes, correntes de lágrimas e tosse. Isso me fez viver um momento terrível. Mas tomei pequenas quantidades de *vibhuti* e segui em frente.

"O segundo dia foi pior. A urina e as fezes estavam cheias de sangue; apavorantes pensamentos suicidas me assombravam. Quando o terceiro dia chegou, pensei que talvez nem sobrevivesse a ele. À noite, eu gritava e gemia bem alto. Chutava o chão. Batia a cabeça na parede. Balbuciava de forma selvagem e muito alto. As crianças choravam e se compadeciam, acordando os vizinhos. Alguns amigos vieram e, ao verem minha condição, derramaram algumas lágrimas em solidariedade às crianças.

"Durante a noite, um médico amigo veio até a mim e, compreendendo a razão de minha penosa condição, trouxe-me quatro injeções de morfina e me aconselhou a tomar algumas.

"Respondi: 'Doutor, a promessa que fiz a Swami vence amanhã. Guarde as injeções até a próxima manhã.'

"Eram 3h45 da manhã. Meus filhos estavam sentados à minha volta. Disse à minha filhinha, Hafiza Begum: 'Pegue o *vibhuti* de Swami que guardei naquela estante.' Ela o trouxe para mim. Peguei um pouco, coloquei na língua e bebi um gole de água para engoli-lo.

"Em dez minutos, adormeci. Durante o sono, senti como se estivesse em uma peregrinação, e só acordei às 11h do dia seguinte. Aquele era o quarto dia. Como prometido, o médico amigo, sabendo que eu tinha acordado, veio com as injeções de morfina:

"'Querido amigo, como você está se sentindo?', perguntou suavemente.

"Respondi de forma igualmente suave: 'Pela graça de Swami, minha mente está clara e calma.'

"'Nesse caso, acredito que você não precise desta morfina.'

"Respondi em tom firme: 'Não, não há necessidade.'

"O médico ficou repleto de alegria. 'Ah! Que boa notícia você me deu! Como ela é prazerosa aos ouvidos. Swami derramou sua graça sobre você', disse. Foi até a loja de frutas e comprou duas maçãs para mim. Colocou-as em minhas mãos e partiu, levando a morfina com ele.

"Desde aquele dia, três meses atrás, nunca mais tive a menor inclinação para a morfina. Minha saúde está melhorando a cada dia. Minha carreira médica foi recuperada, e meus filhos estão felizes.

"Na quarta-feira após minha libertação do poder do crocodilo, eu me uni ao grupo de *nagarasankirtan** que estava passando pela minha casa e, ao chegar ao Templo de Subrahmanyeswara com eles, relatei aos devotos de Bhagavan Baba minha promessa e sua realização.

"Meus amigos, parentes e os que me queriam bem ficaram muito felizes quando souberam da graça de Baba. Agora não te-

---

* *Nagarasankirtan*: é a prática de cantar em grupo hinos devocionais enquanto se caminha durante as primeiras horas da manhã para que todos possam acordar ouvindo, antes de tudo, os nomes de Deus. (*N. do R.T.*)

nho dúvidas de que a Vontade Divina de Swami pode curar todos os que sofrem de hábitos viciosos, desde que se entreguem a Ele. Eu estou convencido de que ele é Divino e de que Sua Graça me salvou."

* * *

O médico, que se chama K. Meera Mohiaddin, escreveu esse relato sobre sua experiência três meses após sua cura, em 1977. Três anos depois, em 1980, escrevi a ele perguntando se poderia incluir sua história em meu livro. Ele concordou prontamente, dizendo: "Fico satisfeito por perceber que minha experiência da Graça de Bhagavan Baba será de algum proveito para você escrever seu terceiro livro."

Fiquei feliz, mas não de todo surpreso, em descobrir que ele permanecia levando uma vida normal, saudável e bem afastada dos "dentes do crocodilo", e que ele ainda era um ardente devoto de Sai Baba, esperando poder participar da terceira Conferência Mundial de Swami em Prasanthi Nilayam em novembro daquele ano.

CAPÍTULO 7

Os ensinamentos e o caminho Sai

Muitos livros foram escritos — e, sem dúvida, muitos mais ainda virão — sobre os ensinamentos de Sai e o Caminho Sai. Mas este é um mundo ocupado, e a maioria das pessoas não está inclinada a enfrentar numerosos volumes sobre um assunto — pelo menos até começar a perceber sua importância vital. Então tentarei passar a essência dos ensinamentos e as instruções de Sai neste capítulo.

O que diz Sai Baba acerca das grandes questões que vêm à mente quando paramos para pensar no supremo significado de alguns temas — Deus, o Homem, o Universo, o propósito da vida, e do modo que devemos viver para alcançar a verdadeira felicidade?

Deus

"Deus está em todos os lugares e em todas as coisas. Toda a criação vem Dele, e Ele está na criação", diz Baba. Então, podemos pensar em Deus como a Essência sem forma de toda a existência, ou como a Força básica atrás de todas as forças ou energias, que atuam constituindo o Universo. Ao contrário de tudo o mais, que tem um início e um fim, essa divina Essência ou Força, assim como a figura de um círculo, não tem início nem fim. Ela é eterna.

Esse Deus sem forma mais parece um Princípio do que uma Pessoa. Uma pessoa tem limitações, enquanto Deus não tem limitação alguma. No entanto, um princípio não tem vida, ao passo que Deus é vida. Baba diz: "Deus não é 'Isto'. Caracterizá-lo dessa fora poderia levar alguém a pensar em matéria inerte." Na realidade, Deus está além das categorias do pensamento humano, não sendo nem Isto, nem Ele, nem Ela.

Quando, porém, nos referimos a Deus, geralmente O tratamos de "Ele", entretanto, não devemos nos esquecer de que este "Ele" divino está além das limitações da personalidade. Além disso, também devemos compreender que o Deus fundamental, sem forma, pode e toma Forma, colocando parte de Seu Ser infinito nessa Forma finita. Na verdade, Baba ensina a filosofia Vedanta de que Deus tomou todas as formas à nossa volta, incluindo a que você vê quando se olha no espelho.

Deus se encontra em qualquer forma, só precisamos perceber a Essência divina na forma. Na verdade, Deus vem sendo louvado em milhares de formas — humanas ou não — desde o começo do mundo. No entanto, embora as formas sejam muitas, existe apenas um único Deus. Swami usa a analogia da eletricidade para ilustrar isso. Quando você liga o interruptor, a lâmpada acende. Mas aquela é a mesma eletricidade que acende todas as lâmpadas. As lâmpadas em que identificamos uma intensidade maior de Eletricidade Divina são as que adoramos como Deuses da Forma.

Quando um autor cria uma história ou um drama, uma parte de si está em todos os personagens — talvez mais em uns do que em outros. Entretanto, ao mesmo tempo que existe em seus personagens, existe fora deles. Assim é Deus — existe infinitamente além da Sua criação. Na floresta, na flor, no pássaro, na fera e nos humanos, Ele é o Deus imanente. Além de tudo isto, Ele é o Deus transcendente.

Ele está mais perto de você do que sua própria respiração e, ao mesmo tempo, distante no infinito. Não podemos vê-Lo ou compreendê-Lo. Mas podemos vivenciá-Lo.

Seres humanos

"Quem é você?", Baba frequentemente pergunta às pessoas. Elas sabem que ele não se refere a seus nomes, então se atrapalham, sem saber quem realmente são.

A primeira coisa que ele verte sobre nós é que não somos nossos corpos. O corpo é parte do eternamente-mutante universo. Na verdade, ele é, em si, um miniuniverso, uma réplica do maior — e, portanto, um mistério.

Assim como Deus está dentro e além de Seu grande universo, também o verdadeiro ser humano está dentro e além deste miniuniverso. Esse ser humano real pode ser chamado de espírito, alma ou, como Swami o chama, de *Atma*.

O espírito do homem (ou de cada ser humano) não foi criado com o restante do universo. Ele já existia, e existirá pela eternidade. De alguma forma inexplicável e misteriosa, o homem verdadeiro é uno com Deus e coeterno com Ele.

Portanto, a simples resposta à pergunta de Swami é: "Eu sou o *atma* ou o espírito divino." Ele ficará igualmente satisfeito se você responder: "Eu sou Eu", pois isso significa a mesma coisa. O fato de sermos, essencialmente, unos com Deus talvez seja o ponto principal dos ensinamentos de Baba. Pelo menos é isto o que ele parece enfatizar mais do que qualquer coisa. Isto não é, evidentemente, um conceito novo. Nós o encontramos nos antigos *Upanishads* e também foi declarado por todos os grandes mestres espirituais — declarado brevemente, de passagem, apenas dito, mas não enfatizado. Agora isso está sendo realmente enfatizado, como se a Mente Divina soubesse que o tempo é propício a essa poderosa verdade. Talvez agora estejamos aptos a recebê-la.

Mas se nós, humanos, viemos de Deus, do Deus único, como Swami ensina, por que nos esquecemos, por que não percebemos nossa verdadeira identidade? É como se, ao nascermos, uma nuvem de ignorância tivesse descido sobre nossa mente. Na infância, temos breves relances da glória através das nuvens — insinuações de imortalidade, como diz o poeta. Entretanto, com o passar dos anos, nós nos tornamos mais ligados aos encantos e apegos do mundo. Esquecendo por completo nossa verdadeira identidade, abraçamos uma nova, construída por nossos instintos, desejos e nossas ambições mundanas. Esse é o ego inferior e perturbador.

A razão de estarmos aqui nesta sala de aula terrestre é certamente aprender algumas lições de valor e desenvolver um caráter forte e nobre — como Swami ensina. Mas por que devemos nos esquecer de quem somos? Muitas teorias especulativas foram formuladas sobre essa profunda questão. A resposta, creio eu, é conhecida apenas por Deus — e ele a mantém em segredo. Permanece um mistério a ser solucionado pela Eternidade.

As lições que temos de aprender, o desenvolvimento de caráter que temos de adquirir, nosso despertar final para nosso Ser real são feitos que levam muitas vidas, portanto a doutrina da reencarnação, ensinada por Sai Baba, está de acordo com a das filosofias espirituais do hinduísmo e do budismo.

O universo

O universo de múltiplas formas, da vida microscópica às invisíveis e distantes estrelas, teve um início e terá, então, um fim. Foi criado pelo Deus eterno, não saído de algo, mas de Seu Ser infinito. O Uno criou a aparência dos muitos eternamente-mutáveis, enquanto permanecia o Uno.

O universo, ao se apresentar de várias formas, é, portanto, chamado de o modo de "Transformação" de Deus. O Uno, sob o aspecto dinâmico, é conhecido como o modo de "Ser". Se pudéssemos observar o modo de Ser, o Divino imutável, dentro e fora do constante modo de Transformação, enxergaríamos a verdade.

Mas normalmente não percebemos este Deus-no-universo, nem de que maneira o modo de transformação se realiza. Como afirmaram os sábios de todos os tempos — incluindo Sócrates —, nossos sentidos e nossa mente nos enganam. Eles nos apresentam um quadro de objetos sólidos, multicoloridos e tridimensionais, enquanto o que está realmente operando nossos sentidos — como a ciência agora concorda — é uma rede de padrões de energia, movendo-se em velocidades altamente aceleradas e vastos espaços vazios.

Portanto, o que pensamos que vemos é *maya** — não está lá de fato. E o que está realmente lá está sempre em transformação — menos o constante e imutável Uno por trás de tudo. Swami compara isso a um filme. Oscilantes padrões de luz e sombra projetam a ilusão de formas na tela. Quando o filme termina, as formas desaparecem, mas a tela permanece. Isso representa o modo de "Ser" de Deus.

Mas outro show logo vai começar. Outro Drama Cósmico será projetado na tela do modo de "Ser" de Deus. Universos fenomenais vêm e vão periodicamente. Nós próprios somos parte desse dinâmico Drama Cósmico. Pelo menos nosso corpo e nossa mente são. Mas dentro de cada um de nós está o imutável Ser Divino. E este é o Ser verdadeiro.

O propósito da vida

Geralmente, em tempos de dificuldade ou tragédia, as pessoas se perguntam: qual é o propósito da vida? Isso porque na maior parte do tempo elas agem como se o propósito da existência fosse ganhar muito dinheiro, alcançar posição de destaque, tornar-se famoso ou poderoso, ou talvez apenas divertir-se, nadando no mundo de desejos sensuais. Elas acham que a conquista desses objetivos lhes trará felicidade.

Até que um dia, por qualquer motivo, elas encaram a morte de frente, percebendo quão próxima ela sempre se encontra, e

---

* *Maya*: energia ou poder ilusório imanente na criação de Deus. (*N. do R.T.*)

começam a duvidar da validade desses objetivos. Mas qual é o verdadeiro objetivo? — perguntam a si mesmas. O que traz, de fato, o permanente estado de felicidade que o coração humano tanto deseja? Será que isso só será encontrado em algum paraíso realizador-de-desejos nos céus?

Sai Baba ensina que o propósito da vida é descobrir quem realmente somos. Segundo ele, o ser humano é como um príncipe que foi roubado por ladrões quando era bebê. Cresceu achando que é um dos ladrões. Mas, se ele descobrir que é um príncipe com uma herança maravilhosa, sua vida e perspectiva vão mudar.

O conhecimento de nossa verdadeira identidade, livre de qualquer incerteza, moverá nossa vida rumo a um novo nível e nossa perspectiva mudará completamente. Paralela a essa mudança, está a permanente alegria que não é afetada pelos altos e baixos das circunstâncias. Descobrir quem somos libera essa alegria, que é parte de nossa verdadeira natureza.

Não temos de morrer e passar para outra zona de existência para chegar a essa grande descoberta. De fato, é melhor alcançá-la aqui, pois este é o propósito da vida humana na Terra.

Quando tivermos encontrado o oculto Ser real, teremos encontrado Deus, pois Ele é uno com este Ser. A viagem interior até o Ser e até Deus pode ter três estágios. Primeiro, há um sentimento de que Deus é o Mestre, um grande Ser em algum lugar lá fora, e de que somos Seus servidores. Depois, aproximamo-nos mais e compreendemos que cada um de nós é o filho, a prole de Deus; finalmente, percebemos que somos unos com Deus.

Quando descobrimos que somos unos com Deus, percebemos que somos unos com toda a vida, pois Deus é vida. Enquanto continuarmos a viver neste mundo, e depois dele, nossa vida será governada por esse senso de unidade harmônica. Não vamos mais buscar a felicidade e a satisfação nas coisas do mundo. A felicidade estará sempre conosco. Buscaremos somente servir às pessoas, ajudando-as a alcançar aquilo que conseguimos.

Como atingir o propósito

Não há uma lâmpada de Aladim que possamos esfregar para trazer o tesouro subitamente até nós. Nem temos de viajar o mundo para encontrá-lo como o homem que buscou em todos os países e acabou encontrando-o escondido sob o chão de sua humilde casa.

Todo grande professor, que deu instruções sobre como atingir a meta da vida, forneceu o que pode ser chamado de uma fórmula. Mas não se trata de uma fórmula mágica que, ao ser misturada e agitada, fornece resultados imediatos. É uma fórmula pela qual temos de nos empenhar para viver. Quando conseguimos executá-la, os resultados são certos.

Quando analisadas corretamente, os princípios dessas fórmulas são basicamente os mesmos — como veremos nos próximos capítulos. A única diferença está na maneira como são apresentadas, na ênfase dada a um ou outro fator, ou na introdução de um novo ingrediente para que se encaixem no espírito de uma geração ou no modo de pensar dos buscadores.

Sai Baba nos deu uma fórmula com quatro ingredientes principais que são as linhas mestras do Caminho Sai — *prema*, *sathya*, *dharma* e *shanti*. Se a seguirmos, certamente alcançaremos a meta. Tentarei explicar cada etapa de acordo com os ensinamentos de Baba.

Prema

Prema é Amor Divino, o amor que, por natureza, dá continuamente sem pedir nada em troca. Este é o amor de Deus por todas as criaturas. Cada um de nós pode desenvolver este amor, visto que ele é inerente à nossa natureza divina. Mas o caminho tem de ser aberto para que este amor, preso no coração espiritual, possa se exteriorizar.

Da nascente no coração, a corrente de amor segue em direção ao grande oceano que é Deus. Como Deus está dentro de todas as pessoas, o Amor Divino aflui para toda e qualquer direção. Swami diz que ele tem "a qualidade da solidariedade, nos faz felizes quando os outros estão felizes, e miseráveis quando os outros estão tristes". Ele se apresenta como "uma série de pequenos atos, direcionados pela atitude de reverência à divindade de todos os seres".

Sei que o próprio Swami, por ser o grande corpo-do-amor, libera o caminho para que a fonte de amor no coração espiritual possa fluir. Dele, irradia uma aura de amor tão poderosa que, como uma chama, queima tudo o que está bloqueando a corrente de *prema* de nossa verdadeira natureza. Então, a maravilhosa corrente começa a fluir — em direção a Deus e em direção a toda a vida.

Ela pode ser de novo bloqueada por pesados sedimentos de egoísmo, egotismo, maus pensamentos e toda a lama que vem das terras pantanosas do desejo. Baba dá algumas instruções sobre como viver neste mundo e manter a pura corrente de *prema* fluindo. Aqui estão algumas delas:

"Considere as falhas alheias, mesmo que grandes, insignificantes e ínfimas, e suas falhas, mesmo que insignificantes e ínfimas, grandes — e sinta-se arrependido."

"Perceba que o uno e único Deus reside no coração de todas as criaturas, e tente amar a todos. Tente ver Deus como pai e todas as criaturas como irmãos. Perceba que Deus é puro amor, que Ele é *prema-swarupa* (a personificação do amor)."

Segundo Swami, devemos colocar em prática o amor ao próximo, lembrando-nos todos os dias de: "Começar o dia com amor, preencher o dia com amor, e terminar o dia com amor. Este é o caminho que leva a Deus, pois Deus é Amor."

Que diferença fará a nossos dias nos lembrarmos dessa máxima ao acordar a cada manhã, e voltarmos a ela enquanto os eventos do dia vão se desenrolando!

Mas por que então estamos equipados com senso crítico se devemos nos abster de julgar e condenar as pessoas? Swami ensina que é melhor criticar as ações da pessoa do que a pessoa em si. De fato, devemos nos vigiar atentamente para não julgar os outros nem censurar seus erros e fraquezas.

Por alguma razão, não podemos enxergar o coração de nosso irmão. Para ilustrar isso, Swami conta a história de um casal que atravessava uma floresta para ir a um lugar de peregrinação. O marido, que seguia na frente, viu um diamante resplandecendo no caminho. Rapidamente, ele chutou um pouco de terra sobre a pedra para que a mulher não a visse. Teve medo de que ela quisesse apanhá-la e se tornasse escrava de seu brilho superficial — que era como ela via o diamante.

Mas a esposa vira a joia e o gesto. Repreendeu o marido por fazer distinção entre o diamante e a terra. Para ela, eles eram a mesma coisa. O marido certamente falhara em ver dentro do coração da esposa.

Quando nossa percepção espiritual está desenvolvida e consegue enxergar a alma humana, nosso sentimento de união com tudo é tamanho, que quaisquer críticas são amortecidas por uma amável compreensão e amor. O próprio Swami exemplifica isso. Suas críticas, feitas com amor e compreensão divina, são a única forma de alguém aprender. O restante são egos latindo inutilmente para outros cães igualmente barulhentos.

À medida que seguimos ao longo do caminho pela linha mestra do *prema*, nosso apego às coisas mundanas vão, lentamente, se dissolvendo. Ao mesmo tempo, nosso apego a Deus se fortalece, tornando-nos conscientes de Sua presença. Começamos a compreender também a lei oculta, que diz que, ao buscar o reino de Deus, todas as coisas das quais precisamos vêm a nós.

Swami coloca isso de forma simples: "Se tivermos fé e nos entregarmos inteiramente a Deus, então, assim como o gato toma conta de seus filhotes, Deus olhará por nosso bem-estar, não importa onde estejamos."

Mas mesmo quando percebemos que a coisa certa é unir nossa vontade à Vontade Divina — que é o significado de "entrega" —, como aprendemos a conhecer a vontade de Deus? Como podemos adivinhá-la em todas as situações?

O obstáculo que nos impede de enxergar a vontade de Deus é nosso egotismo. Baba diz que isso é algo "que foi absorvendo o homem ao longo das eras, lançando seus tentáculos mais e mais profundamente com a experiência de cada vida". Segundo Baba, a devoção a Deus é a água com a qual podemos lavar essa sujeira acumulada através dos tempos. Devemos, contudo, acrescentar nessa água os detergentes do discernimento e do desapego — discernimento entre o falso e o verdadeiro, e o rompimento de nosso apego ao falso. O sabão de *sadhana* (práticas espirituais) também deve ser usado para lavar os resíduos do egotismo.

O ego, o falso "Eu", sofre uma dolorosa e lenta morte na cruz de *sadhana*. Mas vai morrer, e depois, então, vem a ressurreição do "Eu" real.

Como disse o antigo poeta sufi, Baba Kuhi: "Eu me dissipei dentro do nada, Eu desapareci e, veja só, Eu era o Todo-existente — o único Deus que vi."[*]

No Caminho Sai, a linha mestra do *prema* é a mais importante. Ela leva à crescente devoção a Deus, e é sustentada pela bênção que vem da devoção. Os buscadores se ajudam quando se juntam para cantar e falar sobre as glórias de Deus, ou para louvá-Lo à sua maneira. Eles devem evitar a controvérsia, que leva ao egotismo e ao amor pela conquista. A polêmica nunca chega a uma conclusão final. Em vez de perder tempo em debates, o buscador deve usar cada minuto promovendo devoção a Deus.

"Amor Supremo e sabedoria são um só", disse o grande sábio Narada. "Cante então as glórias do Senhor, e que Ele possa residir no coração de todos [...] levando paz eterna."[**]

---

[*] Baba Kuhi de Xiraz. Parte de um poema citado no livro de Reynold A. Nicholson's *The Mystics of Islam* (Londres: G. Bell & Sons, 1914).
[**] Narada, *Sutras Devocionais de Narada*.

Mas, embora o ponto mais alto do amor seja a sabedoria, os buscadores no caminho devocional podem se tornar muito emocionais até que esse nível seja alcançado. Então, Swami ressalta que a devoção pode explodir como a lanugem do cardo. Deve haver um fundamento que apoie o crescente conhecimento, ou a devoção acabará se perdendo no vácuo. E então ele nos dá a linha mestra de *sathya*.

Sathya

Esta palavra vem do sânscrito *sat*, que significa "Ser Verdadeiro", e *sathya* é a linha mestra dada por Sai Baba para nos guiar na busca da Verdade do Ser pela aquisição de conhecimento.

Há dois tipos de conhecimento — o mundano e o sagrado. Ambos são ensinados nas instituições estabelecidas por Sai Baba. "Sem informação, não é possível alcançar a transformação", diz ele. A transformação que seu programa educacional visa realizar é, em primeiro lugar, a do caráter. Tanto o conhecimento sagrado quanto o mundano são usados com este fim.

Em seus escritos e discursos, muitos dos quais foram publicados em forma de livro, Baba concentra-se no conhecimento sagrado — a compreensão, até o ponto em que pode ser transmitida em palavras, de Deus, do Universo e do propósito aqui na Terra. A essência de seus ensinamentos sobre esses temas foi descrita brevemente no início deste capítulo, mas em suas palestras ele revela muitas variações acerca desses temas.

Há necessidade de tais variações — abordagens, ênfases e ilustrações diferentes —, por causa dos variados níveis culturais e espirituais de seus ouvintes. Dessa forma, ele fornece alimento a todos.

Talvez, para a média de indivíduos que professam a ortodoxia, ou mesmo o ceticismo, os ensinamentos de Swami soem, de início, bastante estranhos, ou até revolucionários — particularmente o conceito de sermos unos com Deus. Mas, se cada um de nós procurar em seu livro sagrado de cabeceira, vai encontrar essa mesma verdade, tal como foi relatada nos escritos dos místicos.

Para os estudantes da Sabedoria Antiga, a base de todas as religiões, os ensinamentos de Swami não são nada estranhos. Eles simplesmente dão vida nova e vitalidade às verdades espirituais que são tão antigas quanto o tempo. Mas a poeira dos tempos está acumulada no eterno sino da verdade; ele precisa ser limpo para que possa novamente ecoar a Mensagem Divina pelo mundo. Baba está ocupado fazendo isso.

Não obstante, simultaneamente, Baba ensina que o conhecimento adquirido pela mente não pode, por si próprio, conduzir-nos ao objetivo da vida. Na verdade, o centro de *sathya* habita as profundezas do coração espiritual. É de lá que vêm as sagazes sugestões e os desígnios. Mas eles precisam ser canalizados pela mente para que possam ser formulados em pensamentos e palavras. Exprimir as profundas verdades do coração é, entretanto, uma operação difícil, e talvez nunca tenha sido realizada por completo. Por isso, a necessidade da mitologia — para fazer lembrar dessas verdades inexprimíveis.

Algumas pessoas — por seu temperamento e treinamento — devem começar a buscar a verdade suprema pelo conhecimento, isto é, ao longo do caminho de *Jnana.** Entretanto, tudo o que vão descobrir é que, em algum ponto, será preciso encontrar e se unir

---

* *Jnana Yoga*: o caminho da sabedoria; a posse desse conhecimento que capacita o devoto a vivenciar a unidade de toda a vida. (*N. do E.*)

ao caminho do amor e da devoção. O conhecimento, sozinho, seca o coração e leva ao egotismo e ao orgulho espiritual. Portanto, é primordial mesclá-lo, assim que possível, com o lubrificante do Amor Divino.

Adi Shankara, que no caminho de *Jnana* alcançou o auge da glória e da honra como um ilustre sábio, disse finalmente: "O nome divino do Senhor Hari é meu suporte para alcançar a salvação na *Kali Yuga** (nossa presente era)." Para cultivar o amor de Deus no coração dos homens, Adi Shankara compôs e divulgou vários hinos devocionais, incluindo o bastante conhecido "Bhaja Govindam".

Ao colocar a devoção em primeiro lugar, Sai Baba empenha-se em balanceá-la com o conhecimento. Os grupos Sathya Sai de todos os cantos do mundo reúnem-se para entoar canções devocionais (*bhajans*). Eles apreciam essa prática mais do que qualquer outra, e muitos gostariam de só se dedicar a isso nos encontros. Mas Swami faz questão de períodos regulares de estudo e debate, a fim de que ampliem seus conhecimentos e sua compreensão, e alcancem um desenvolvimento equilibrado.

O Caminho Sai integra coração, mente e também mão. Então, outra linha mestra é o *Dharma*.

Dharma

Da raiz do verbo sânscrito *dhri* (segurar), *dharma* é aquilo que mantém nosso interior e exterior unidos. Uma simples definição de *Dharma* é *Prema* e *Sathya* em ação.

---

* *Kali Yuga*, ou a era de ferro, é descrita nas escrituras como um dos quatro períodos (Yuga) pelos quais passa o universo, e no qual reinam a desavença, a desordem, a mentira e o ceticismo. (*N. do R.T.*)

Quando o Amor Divino guia nossos passos e o caminho é iluminado pela Sabedoria Divina, tudo o que realizamos é o *dharma* real. Mas, até que esse momento seja alcançado, devemos evitar agir de acordo com os caprichos de nossa mente-desejo e chamar isso de nosso *dharma*.

O que então vai nos guiar? As indicações que se encontram nas escrituras das grandes religiões. As escrituras, portanto, são um guia ao *dharma* correto do ponto de vista da retidão, da moralidade, da bondade e da justiça.

Hoje também temos, para nos conduzir, os ensinamentos de Swami. Ele renovou e voltou a traçar as antigas orientações. Mas, se ainda assim for difícil tomar decisões certas, a graça de Baba estará sempre lá para nos ajudar.

Além disso, existe a fórmula do Karma Yoga,* que Swami menciona frequentemente como o ideal que se relaciona a tudo o que fazemos. "Não anseie pelos frutos de suas ações. Faça seu dever com Amor no coração e deixe os resultados de todas as suas ações nas mãos de Deus."

Trata-se de um ideal que deve ser alcançado de modo gradual. Um bom começo é a dedicação ao bem-estar da família. Quando esse devotamento começar a se estender à humanidade, estaremos próximos do ideal, que só será alcançado quando formos capazes de discernir o Propósito Divino em todas as coisas e pudermos trabalhar em harmonia com ele. Isso, é claro,

---

* *Karma Yoga* é o segmento da filosofia iogue que ensina o segredo da ação, isto é, qual deve ser a atitude interna adotada ao se executar qualquer ação, para que não gere resultados que nos prendam ao mundo material. (*N. do R.T.*)

requer muito amor e muita sabedoria, mas devemos cumprir nossa jornada.

Seguem algumas indicações dadas por Baba para evitar que nossos passos se desviem.

"Aquele que domina o egotismo, subjuga o egoísmo, destrói sentimentos e impulsos bestiais e abandona a tendência natural de considerar o corpo como o Ser está certamente no caminho do *Dharma*."*

"Em todas as suas atividades mundanas, você deve ser muito cuidadoso para não ferir as normas morais ou os princípios de boa natureza. Você não deve trair as sugestões da Voz Interior, isto é, deve estar preparado para sempre respeitar os comandos da consciência. Você deve observar seus passos para não avançar no caminho do outro. Deve estar sempre vigilante para descobrir a Verdade atrás da cintilante variedade deste mundo."

Mas "os preceitos do *Dharma* relacionados às atividades mundanas e à vida diária, embora importantes em suas próprias esferas, têm de ser seguidos com o completo conhecimento e a consciência do Básico e Interno *Atmadharma* (o *Dharma* do Deus Interior). Só assim os impulsos internos e externos poderão cooperar e produzir a bênção do progresso harmônico".

Como nosso objetivo é encontrar o caminho de volta a Deus, e este propósito deve eventualmente ser alcançado, o *Dharma* é uma "chama que não pode se extinguir". Entretanto, às vezes, ela pode permanecer encoberta, como ocorre no mundo atual.

---

* *Dharma* é a ação correta, ou seja, aquela realizada de acordo com a vontade divina e que contribui para a evolução espiritual individual da humanidade. (*N. do R.T.*)

Swami diz: "Quando o *Dharma* não é usado para transmutar a vida humana, o mundo passa por guerras e períodos de grande turbulência."

De fato, "faz algum tempo que o imaculado brilho do *Dharma* se embaçou, exatamente como os lindos campos, que, por negligência, tornam-se irreconhecíveis selvas espinhosas. Com o passar do tempo, as pessoas acostumam-se ao estado das coisas à sua volta, e não percebem seu declínio. Isto aconteceu ao *Dharma*".

Mas a selva espinhosa do *Dharma* mundial precisa voltar a ser um campo viçoso. Isso pode ser feito pelo Avatar e por seus ajudantes. Todos que amam o bem e a verdade devem ajudar na restauração do *Dharma*, livrando-se, pelo menos, do ódio e cultivando tolerância, concórdia e harmonia.

"Por meio da concórdia e da harmonia, o mundo vai se tornar um lugar de felicidade — livre de inquietação, indisciplina, desordem e injustiça."

Eis três máximas de Sai para ajudar o indivíduo a ter uma vida dhármica e assim restaurar o degradado dharma do mundo:

"Faça o bem; veja o bem; seja bom. Deus ama a bondade."

"Dever, com amor, é desejável. Amor, sem dever, é divino."

"Deus está onde está o *Dharma*; e, onde Deus está, está a vitória."

Shanti

Esta é a límpida paz interior que continua inabalada, como a bênção Divina, sejam quais forem os altos e baixos, a "escuridão ou o brilho" das circunstâncias pessoais e dos afazeres deste mundo.

Swami diz: "Essa *shanti* é a natureza interior." Então, adquirir Paz não é uma questão de obter algo externo, mas de descobrir algo que já se encontra lá. Toda *sadhana* ajuda no processo da descoberta. Um importante exercício na disciplina espiritual é a prática do discernimento. O aspirante deve discernir conscientemente entre o falso e o verdadeiro, o temporário e o eterno, o insignificante e o indispensável. Depois disso, ele ou ela vai se interessar mais pelas verdadeiras e eternas realidades.

Para nossa consciência, as coisas que desejamos parecem naturalmente as mais importantes. Mas, se usarmos o discernimento, como já ressaltado, e consultarmos nosso coração e nossa mente, vamos descobrir que nossos desejos mundanos são inimigos da paz. Eles são as densas nuvens que cobrem os céus límpidos daquela "paz que ultrapassa a compreensão".

A luta constante pela aquisição de bens materiais traz medo, frustração, depressão, raiva e ódio. A competição com os outros nesta batalha também traz inveja, ciúme e outras emoções negativas. Não pode haver paz verdadeira enquanto a mente for o playground para essas emoções.

O que podemos fazer então? O desejo é uma parte essencial de nossa natureza animal. Ao longo das eras de evolução, a vida animal fez uso dele e das respostas emocionais que ele desperta, para que o indivíduo e as espécies pudessem sobreviver. Isso é parte do equipamento de sobrevivência da vida.

Desejos instintivos surgem em nossa mente como em outros animais. As emoções, exatamente como os desejos, também são sentidas na mente, mas encontram expressão no corpo. Pela ação constante de fortes emoções negativas, como ódio, medo e raiva, o corpo sofre desarmonia e se torna enfermo. Emoções descontroladas são tão inimigas da saúde quanto da paz.

Seguindo a concepção da antiga psicologia hindu, existe um corpo-desejo chamado *kamarupa*, que está ligado ao corpo físico. Ele nos foi dado pelo Criador para nos servir durante nossa vida na Terra. Foi destinado para ser um servidor, mas, para a maioria dos seres humanos, se tornou um mestre. Trazendo-nos excitação e todos os fortes prazeres de deleite sensual, o *kamarupa* escraviza a mente e o corpo. Ele vive nossa vida por nós.

Quando tivermos nos lembrado de nosso Lar Espiritual e, como o Filho Pródigo, lançarmos os pés no Caminho que leva até ele, teremos de chegar a um acordo com o *kamarupa*. É claro que ainda teremos certos desejos e necessidades instintivos, como desejo por comida, abrigo e boa saúde, mas todos aqueles desejos por supérfluos e coisas prejudiciais darão lugar a um só desejo. Swami diz que é como trocar o peso de muitas moedas por uma leve nota bancária. A cédula é o desejo de alcançar a eterna *Shanti* Divina — a "Terra Prometida" da Paz. Essa "troca de moeda" não é um processo rápido — acontece à medida que vamos avançando pelas linhas mestras, ou luzes guias, de *Prema*, *Sathya*, *Dharma* e *Shanti*.

Embora *Shanti* se apresente como a etapa final de um processo, é possível alcançá-la diretamente, mantendo o equilíbrio da mente em todas as situações e cortando progressivamente as cordas que nos prendem às coisas mundanas. Possessividade — paralelamente ao apego — é a causa de muitos medos, preocupações, ciúme e demais inimigos da Paz.

Devemos tentar compreender que nesta vida não possuímos nada. Somos apenas depositários de Deus, e certamente chegará o momento em que Ele vai retirar tudo de nossas mãos — ou pela morte ou por alguma outra circunstância. Como bons administradores, é claro que devemos tomar conta de tudo o que Ele deixou, ou deixa, sob nossa responsabilidade, mas não devemos nos esquecer de que nada neste mundo é realmente nosso.

"Se você adquiriu a qualidade da simplicidade e do desapego", diz Swami, "você terá inabalável *Shanti*, autocontrole e pureza de mente".

Desde o início, as quatro linhas mestras devem ser consideradas faróis, pois estão constantemente acesas, brilhando para nos manter no curso. Todavia, existe uma luz que é mais importante do que as demais. Seu brilho é mais intenso na noite escura, para nos manter a salvo no curso de Sai. É a luz de *Prema*.

Swami diz: "O combustível de *Prema* produz a chama divina de *Shanti*. *Prema* traz a unidade de toda a humanidade, e essa unidade, combinada com o conhecimento espiritual, trará a paz mundial."

CAPÍTULO 8

Meditação

A jornada exterior da vida, guiada pelas lâmpadas Sai do amor, da verdade, do dever e da paz, encontra ajuda e inspiração em incursões regulares pelo mundo interior, por meio da oração e da meditação. Tanto a meditação quanto a oração são tentativas de comungar diretamente com Deus, ou com nosso Ser mais elevado, como você preferir. A oração, por ser verbal, é mais fácil. E quando sincera, eleva a consciência acima do ego mundano, e é efetiva. A meditação, transcendendo os obstáculos da mente, aproxima-nos do Ser Divino, transformando nosso caráter e nossa vida. Tanto a oração quanto a meditação devem ser praticadas regularmente.

Para a meditação, Sai Baba dá regras gerais que qualquer um pode seguir. Ninguém errará em torná-las orientações básicas e, pela observação direta e experimentação, adaptá-las à sua necessidade e à sua natureza — pois a meditação é uma prática individual. Aqueles que estão perto de Swami e o consideram um Sadguru receberão instruções individuais, se necessário. Mas essas regras gerais servem para orientar e ajudar a todos. Ele as tem enunciado e explicado de tempos em tempos a diferentes grupos e multidões, e estão entre aspas para que você possa identificá-las.

Swami explica que não podemos conhecer Deus sem antes conhecer a nós mesmos. Portanto, devemos penetrar no nosso próprio centro para alcançar o centro de Deus em Sua grandeza — que é o objetivo da meditação. Devemos passar através da consciência do ego, através do amontoado de sujeira de desejos egoístas, através das vielas da mente. Isso soa a uma grande operação — e, na verdade, é! Mas não é impossível, porque existe um meio de chegarmos lá. Só precisamos de vontade, paciência e determinação para torná-lo uma experiência bem-sucedida.

"Inicialmente, reserve alguns minutos para meditar diariamente, e depois vá estendendo o tempo quando sentir a bênção que está recebendo."

A postura para meditação deve ser confortável, estável e relaxada enquanto você estiver sentado em posição vertical — ou sobre uma esteira ou em uma cadeira de encosto reto. Se você ficar de pé, ficará cansado rapidamente; se deitar, provavelmente dormirá. Mesmo assim, algumas pessoas conseguem meditar de pé ou deitadas de bruços. Mas nenhuma dessas posições é aconselhada como regra geral.

Depois de se certificar de que o corpo está completamente relaxado em postura ereta, o próximo passo é desviar a atenção do campo dos sentidos, que geralmente mantém os pensamentos saltando de um lado para outro como macacos em uma árvore. Ao fechar os olhos, você consegue lidar com o sentido da visão. Mas não é tão fácil bloquear alguns dos outros sentidos — como o próprio olho da mente, com seu contínuo curso de imagens.

Uma boa maneira de superar a distração dos sentidos é recitar mentalmente um *mantra* (ou verso) sobre a glória de Deus. Ao concentrar-se inteiramente nisto (e em seu significado), você eleva a consciência a um nível muito mais alto, e as distrações mundanas desaparecem.

No lugar de um mantra, um nome de Deus pode ser utilizado. Esta prática é chamada *japa*. Ao repetir o Nome, qualquer nome querido ao coração, desenhe diante do olho da mente a forma que ele representa. "Quando sua mente se afastar da figura, leve-a ao Nome. Deixe-a ficar nesta ou naquela doçura. Assim, a mente pode ser facilmente domesticada. A figura imaginária que você desenhou será transformada em uma Figura Emocional querida ao coração e fixada na memória. Gradualmente, ela se tornará uma visão real, visto que o Senhor assume a Forma para atender seu desejo. Esta é a melhor forma de *dhyana* (meditação) para iniciantes."

Swami ainda acrescenta que, se você não conseguir se concentrar por muito tempo no início, não deverá desanimar. Para ele, é como aprender a andar de bicicleta. No começo, encontramos uma enorme dificuldade para manter o equilíbrio, mas depois de praticar conseguimos pedalar facilmente, mesmo em ruas de tráfego intenso. A prática vai nos prover da concentração necessária para meditar nas situações mais difíceis e por longos períodos. Portanto, o segredo é praticar regularmente.

Mas, se, por acaso, você não se adaptar a essa técnica de meditação, com o Nome e a Forma, poderá tentar a que Swami chama de "a forma efetiva e universal" de meditação.

Após assumir a postura correta e relaxar o corpo, olhe firmemente para a chama de uma lamparina ou de uma vela à sua frente. A chama deverá tremular suavemente. Considere-a o símbolo da Luz Divina que cintila com fulgor infinito. É a glória dourada de Deus que se irradia por todos os átomos da criação. É, portanto, um objeto muito apropriado à meditação. Para começar, olhe pelo tempo que puder, ou quiser, para a brilhante chama, concentrando-se em sua forma e em seus profundos significados simbólicos. Em seguida, feche os olhos e visualize a chama dentro de você, entre as sobrancelhas.

Então, "deixe que a Luz vá até o lótus de seu coração, iluminando o caminho. Quando ela penetrar nele, imagine as pétalas do coração abrindo-se uma a uma, banhando cada pensamento, sentimento e emoção na Luz, e assim removendo toda a escuridão deles". Agora, imagine essa Luz pura indo para todas as partes de seu corpo. No início, isso será simplesmente um exercício de imaginação, mas, com o tempo, você verá realmente a Luz penetrando em cada célula de seu corpo, em cada ponto de sua mente. A Luz vai purificar e harmonizar todo o seu ser.

Mas não guarde a Luz só para si. "Permita que se propague em círculos que se vão ampliando e envolvendo seus amados, amigos e companheiros, e também seus inimigos e rivais, na verdade, todos os homens e mulheres, todos os seres vivos, o mundo inteiro." Assim, você se tornará uno com a Luz Divina que tudo envolve.

Swami também ensina e recomenda uma meditação que é a combinação das duas já citadas: a meditação sobre o Deus-com-Forma e a sobre a Luz, ou Deus-sem-forma.

"Se você estiver adorando a Deus em alguma Forma, tente visualizar esta Forma em uma Luz todo-penetrante. Pois Luz é Deus, e Deus é Luz." Depois que você visualizar a forma amada no centro da Luz tremulante, permita que a Forma se funda na Luz, enquanto lembra que Deus não está confinado a uma forma, e é, realmente, mais bem representado por uma luz clara e pura. Apesar de a forma desaparecer, a luz será tingida com os matizes de Excelência Divina que havia na Forma — Amor, Alegria, Poder, Verdade e Paz. A Luz Divina não é impessoal.

Qualquer que seja a técnica de meditação usada, quando terminá-la, não se levante imediatamente. Você estava em outro nível de consciência, portanto o melhor é sair dele tranquilamente. Abra os olhos, sinta seu corpo, levante-se devagar para então voltar às tarefas normais.

Durante seus afazeres, traga à memória, ocasionalmente, a alegria e a nova consciência experienciada pela meditação. Essa alegria e consciência devem mudar sua atitude para com as pessoas e situações. "Meditação sem compaixão é uma negação da religião. Espiritualidade sem amor é um exercício de futilidade. Seus pensamentos, suas palavras e obras devem ser inspirados por puro e desinteressado amor."

Em outras palavras, a meditação não é algo para ser executado por cerca de meia hora e depois esquecido. Ela deve impregnar sua vida diária, trazendo um constante senso de unidade e amor pela vida em geral e guiando suas ações. Embora você não possa dedicar todo o seu tempo à jornada interior, permita que a vida interior ilumine e dirija a vida exterior.

Aliás, Swami frequentemente ressalta que a técnica que chamamos de meditação não é a mesma usada para a concentração. É importante se lembrar disso seja qual for a técnica escolhida. Concentração é o exercício preliminar à meditação. Contudo, quando você medita, encontra-se em um estado de relaxamento, mas mantém a consciência alerta. Alguns adequadamente comparam isso a sentar-se em um quarto silencioso sozinho. Você não está esperando que nada aconteça, mas está alerta caso aconteça algo. Se alguém entrar no quarto imaginário, será por uma das várias portas. Portanto, você não deverá se concentrar em entrada alguma; deverá permanecer em total quietude.

Quando, durante essa quietude mental, você se esquecer de que está meditando, estará, então, realmente fazendo-o. Ter expectativas, tentar chegar a um resultado, tudo isso só vai trazer frustração. As experiências elevadas ou espirituais são sempre algo "dado". Podemos apenas nos preparar para recebê-las.

Com o tempo e a prática, a meditação culmina em *samadhi*, atingindo seu objetivo. "*Samadhi* é o oceano para o qual toda *sadhana* (práticas espirituais) corre. Qualquer traço de Nome ou Forma desaparece neste oceano [...]. Existe apenas o Ser, nada além — isto é *samadhi*. Se houver algo a mais, então não é *samadhi*."

A vida daquele que busca deve ser uma campanha para se aproximar de Deus. Nessa campanha, um período regular de meditação, usando as técnicas testadas para derrubar as barreiras entre nós e Ele, ajuda bastante. Sessões de meditação não são algo separado, e sim pontos importantes na vida espiritual.

Diferentes grupos religiosos, filosóficos e espirituais transmitiram diferentes técnicas de meditação, e o próprio Swami ensinou outros métodos a estudantes mais avançados. Mas todos foram fundamentados nos mesmos princípios básicos da

Raja Yoga para alcançar *samadhi*. Todos eles impõem postura correta, controle do corpo, dos sentidos, da mente e firme concentração da atenção, levando aos níveis elevados de consciência da meditação e *samadhi*.

O método de meditação de Swami é devocional, elevando o coração e a consciência por meio do amor. Suas técnicas são, portanto, muito convenientes a todos que estão no caminho de *bhakti*, e particularmente àqueles que estão no Caminho Sai — que coloca *bhakti*, ou devoção, em primeiro lugar.

Não apenas todos os métodos de meditação são iguais em propósito e em princípios básicos; o mesmo pode ser dito de todas as religiões. Religião, pela própria derivação (*re*, volta e *legare*, ligar), visa ligar o homem a Deus. Não importa a prática, tampouco o ritual ou o credo, o propósito de toda religião — como de sua filha, a meditação — é nos levar de volta a Deus e nos unir novamente com a Fonte Divina.

Swami está constantemente ensinando a unidade do princípio doutrinário entre as diversas religiões. "Existe apenas uma religião", diz ele, "a religião do coração; a religião do Amor".

Ele diz que Deus é como o ourives comprando estatuetas religiosas. Qualquer que seja a figura — Krishna, Cristo, Shiva, Buda, ou outro —, o ourives paga apenas pelo preço do ouro em cada uma. Ele não se interessa pela figura.

Do mesmo modo, "Deus pesa o que está em nosso coração, não importa se seguimos esta ou aquela Forma, este ou aquele mestre, esta ou aquela fé. É a qualidade de nosso coração que importa".

Se a "religião do coração" de Baba é a base de todas as religiões, os ensinamentos fundamentais das religiões devem ser iguais aos ensinamentos de Swami e entre si. Quaisquer que sejam as diferenças, elas devem ser superficiais e insignificantes para a questão principal. Nos próximos capítulos, vamos comparar os ensinamentos de algumas das principais religiões com os de Sai Baba. Assim, será possível extrair a essência da religião e encontrar a universal religião-do-coração da humanidade.

CAPÍTULO 9

Sai Baba e Cristo

Como me criei na religião cristã e o Novo Testamento sempre me interessou, vejo muitos paralelos fascinantes entre Sai Baba e Cristo. Eles se encontram no espectro geral de sua vida, ensinamentos e obra humanitária, mas são particularmente óbvios em certos aspectos.

Milagres

Os poderes miraculosos de Cristo pertenciam à sua Natureza Divina; o mesmo acontece com Sai Baba. O grande poder de cura flui tão generosamente de Sai Baba quanto fluía de Cristo. Para Cristo, não importava se o doente se encontrava perto ou a quilômetros de distância. Ele só precisava ter a fé para receber o poder e ser curado. Assim também ocorre com Sai Baba.

Cristo costumava dizer: "Siga seu caminho e não peque mais." Baba diz a mesma coisa com outras palavras. Ele ressalta que, para nos livrarmos de doenças, devemos limpar nossa natureza interior e corrigir nossa forma de pensar.

Ambos os Homens-Divinos não só curaram o "incurável", como também trouxeram pessoas de volta da "morte".

Revelando seu poder sobre os átomos e as moléculas, Jesus transformou água em vinho numa festa de casamento em Canaã. Ele parece ter feito isso simplesmente por bondade a um anfitrião desconcertado.

Como se disse em um capítulo anterior, em várias ocasiões Baba transformou água em gasolina. Certa vez, ele também fez com que a água de um rio se transformasse em suco de frutas para agradar um ônibus inteiro de devotos sedentos. Mas as transmutações de ambos os Homens-Divinos foram feitas apenas em situações raras e específicas. Nenhum dos dois fez malabarismos com as moléculas da Mãe Natureza a ponto de abalar sua harmonia estável.

Tanto Cristo quanto Baba multiplicaram quantidades de comida quando necessário, por bondade ao povo. Os estudantes da Bíblia conhecem bem as histórias de como Cristo aumentou pequenas quantidades de comida para alimentar milhares. Ele parece ter feito isso em pelo menos duas ocasiões. Baba fez a mesma coisa inúmeras vezes.

Uma vez, aliás, seu motivo — como o de Jesus em Canaã — parece ter sido salvar uma anfitriã de penoso embaraço. Nessa ocasião, ele foi convidado para uma festa de casamento na casa de uma família muito pobre em Puttaparthi. A quantidade de comida era suficiente apenas para os poucos convidados que a família tivera condição de chamar. Como Baba era esperado, a mãe da noiva aguardou sua chegada para começar a servir a comida.

Quando ele chegou, ela ficou horrorizada — Swami estava acompanhado de cerca de cem seguidores. Ela ficou tão chocada e embaraçada que, sem saber o que fazer, correu e se escondeu atrás de uma porta. Swami rapidamente a encontrou e disse a ela que começasse a servir a comida, já que os convidados estavam esperando. Chorando, ela explicou que não havia comida suficiente para servir. Swami sorriu gentilmente e disse: "Apenas coloque as folhas e comece a servir o que você tem."

Ela espalhou as folhas de bananeira que servem como pratos e virou o recipiente de comida sobre elas. Swami aproximou-se e tocou a comida dizendo *akshaya* (que significa "sem-fim").

— Agora sirva a comida sem medo — disse.

Foi o que ela fez, e descobriu, para sua alegria, que havia bastante comida para todos.

Um dos que acompanharam Swami à festa foi Nagamani Purnaiya, de Bangalore, que mais tarde me contou essa história.

Amor

As pessoas, frequentemente, referem-se a Jesus Cristo como o Príncipe do Amor; já Sai Baba é conhecido como a Personificação do Amor. Na presença de Baba, sentimos o Amor emanando dele e, quando partimos, este Amor permanece nos envolvendo e nos preenchendo. Aqueles que estiveram perto de Cristo durante sua vida certamente sentiram a mesma aura de Amor, e mesmo agora, tanto tempo depois, o Amor Crístico ainda aquece o coração de seus devotos sinceros.

Ao longo dos séculos, os santos compuseram os hinos que expressam claramente os preceitos da devoção, da fé e da entrega, do caminho Cristão — que são também os do caminho Sai. Acho que as letras dos hinos cristãos se aplicam perfeitamente a Baba.

Seria necessário apenas mudar o nome, mas, como o próprio Swami ensina, Deus tem milhares de Nomes e responde a todos eles.

No espírito de *bhakti marga* (o caminho da devoção), os hinos retratam Deus como amigo, pai, mestre, amante, pastor e redentor. Em qualquer papel que nosso amor coloque Deus, Ele responde de acordo. Essa grande verdade de *bhakti marga* foi ensinada pelo antigo sábio Narada em seus *Bhakti Sutras*,* e é demonstrada por Sai Baba em sua vida. Diferentes olhos o veem nos vários papéis mencionados por Narada e nos hinos cristãos.

Cristo ensinou que devemos amar nossos inimigos, e perdoou até mesmo aqueles que o crucificaram. Baba ensina o mesmo e também é um exemplo para todos, ao perdoar os que escreveram calúnias contra ele, os que tentaram envenená-lo (em duas ocasiões) e, no início de sua vida, os que tentaram queimar a cabana em que ele morava. Seus verdadeiros devotos sabem que Swami ama a todos — tanto aqueles que o odeiam quanto aqueles que o amam.

A essência dos ensinamentos cristãos, bem como a dos ensinamentos Sai, é amar todas as pessoas e tudo que tem vida. Atualmente, para esta era científica, Swami ensina a razão lógica para esse amor universal — a verdade Vedântica de que somos todos partes do Um Absoluto. É a natureza das partes sendo atraídas ao Absoluto e entre si. Todas são partes da unidade, e vão se unir harmoniosamente de novo. Atração, e não repulsa, e, portanto, amor, não ódio, são as leis de nossa natureza.

---

* Sutras são pequenas frases com grande conteúdo significativo. *Bhakti Sutras* é um livro famoso sobre devoção (*bhakti*) escrito pelo sábio Norada, no qual define a verdadeira devoção a Deus e ensina os meios de desenvolvê-la na prática. (*N. do R.T.*)

Parábolas e carma

Jesus lançou mão da parábola abundantemente. Para as multidões, Ele ocultava as mais profundas verdades espirituais em forma de parábolas, alcançando, assim, os diferentes níveis de compreensão humana.

Sai Baba também usa a parábola, ou narrativa alegórica, mas de uma forma bem diferente. Ele expõe as profundas verdades espirituais diretamente, e utiliza a parábola para ilustrá-las. Será que isso significa que hoje há uma compreensão espiritual maior do que havia nos dias do antigo Império Romano?

Encontramos outra surpreendente e bastante inesperada similaridade no modo de ambos lidarem com a lei do carma ou da compensação — a lei que afirma que a humanidade deve, individual e coletivamente, colher os frutos das boas e más ações executadas.

Em geral, o hinduísmo e o budismo tendem a definir carma como uma inexorável lei moral da qual não se pode escapar. Cada ato, palavra e pensamento maus inevitavelmente resultarão em sofrimento. Não há perdão, não há misericórdia na lei. Ela trabalha tão impessoal e implacavelmente quanto uma lei da mecânica. Essas doutrinas ensinam que, somente por essa lei, as pessoas aprenderão a viver corretamente.

Embora Cristo tivesse ensinado que colhemos o que semeamos e que sofreremos por nossos pecados, Ele ofereceu uma saída: se a pessoa confessar seus pecados, verdadeiramente arrependida, e decidir não pecar mais, ela será perdoada. Não sofrerá as consequências cármicas de seus atos. É claro que todas as pessoas — com a possível exceção de alguns santos — continuam pecando, isto é, cometendo erros, enquanto vivem. Por isso, a confissão, o arrependimento, a intenção de não pecar mais e a prece por perdão devem ser um processo contínuo. Contudo, o processo em si aproxima a pessoa de Deus e, por Sua graça, as terríveis consequências de um modo incorreto de viver podem ser atenuadas. Assim, somos ajudados pela roda cármica.

Como Sai Baba é indiano, poder-se-ia supor que suas explicações e sua interpretação do carma fossem as mesmas que as do hinduísmo. Mas, de fato, a essência de seus ensinamentos parece mais próxima da visão de Cristo. Ainda assim, ele enfatiza a operação da lei cármica mais do que Cristo. Ele ensina que nós vivemos muitas vidas na Terra, enquanto Cristo parece não ter feito isso. Cristo não negava a doutrina da reencarnação quando alguém tocava no assunto. No entanto, as escrituras não o mostram expondo esse tipo de visão.

Baba ensina que os frutos de nossas ações podem ser colhidos nesta vida ou em vidas posteriores. A lei do carma tem pouco respeito pelo tempo. Isso acontece porque nossas ações, nossos pensamentos e desejos criam certas tendências cármicas dentro de nós. Dessas tendências, brotarão os espinhos do sofrimento ou os frutos celestes da alegria. Os espinhos só podem ser eliminados se erradicarmos aquilo que os originou — as danosas tendências cármicas.

Essas tendências são muito fortes e, em geral, só podem ser eliminadas por meio de duras lições e do sofrimento no ciclo de nascimento e morte. No entanto, Swami ensina que é possível eliminá-las mais rapidamente com a sadhana (práticas espirituais). Essa sadhana inclui enfrentar com determinação nossas falhas e mudar para melhor, orando a Deus para que nos ajude e entregando nossa vontade egoica à Vontade Divina. Isso não é senão os requisitos cristãos para a redenção. Baba, assim como Cristo, afirma que, por meio dessas práticas espirituais e desses sacrifícios, a graça de Deus chegará ao aspirante, e que isso é o mais importante para a salvação.

Podemos olhar isso de outra forma. Quando um eminente pregador cristão disse "Cristo é maior do que o carma", tenho certeza de que quis dizer que, quando o Cristo (Ser Divino) é ressuscitado dentro da pessoa depois da crucificação do ego inferior, o carma passado é apagado. Nasce um novo indivíduo, e o carma acumulado que pertencia à antiga pessoa não funciona mais. Mas tais redenções, em vez de súbitas, são graduais.

Essas ideias estão de acordo com os ensinamentos de Swami, que diz que, quanto mais vivermos em harmonia com nosso próprio e verdadeiro Centro Divino, mais nossas danosas tendências cármicas serão reveladas. Quaisquer reminiscências desse carma tornam-se mais fáceis de serem suportadas por meio da graça e da misericórdia de Deus.

O Deus do Amor não tem desejo de punir. O sofrimento é realmente necessário para que possamos aprender nossas lições e seguir em direção à perfeição. Mas, enquanto o progresso é construído, o sofrimento é aliviado. Quando a Luz se revela completamente, o sofrimento não existe mais. Essa é a mensagem de Cristo e de Sai Baba.

O Sadguru

Conforme está relatado na Bíblia, Cristo disse: "Eu sou a porta: se alguém entrar por mim, será salvo" (Jo 10,9); "Eu sou o caminho, a verdade e a vida; nenhum homem chega ao Pai a não ser por mim." Quando Ele disse isso, certamente estava falando como um *Sadguru* — alguém que conduz seus seguidores no caminho para Deus.

Alguns cristãos acham que essas palavras significam que só se chega a Deus por intermédio de Jesus, pessoalmente. Mas como uma pessoa racional pode aceitar uma interpretação assim da declaração de um grande mestre espiritual? Se a declaração não foi deturpada pelos que escreveram as escrituras, isso deve ter um sentido mais amplo, tal como: ninguém chega a Deus senão com a ajuda de um Ser Iluminado.

Há considerável concordância quanto a essa declaração. Todos os Sadgurus disseram, ou deram a entender, que é difícil, até mesmo impossível, alcançar Deus sem as instruções de alguém que também tenha alcançado este objetivo e seja completamente consciente de sua unidade com o Divino.

Em Shirdi, falando como um Sadguru, Sai Baba disse: "Conduzirei meu rebanho pelo caminho até Deus." Alguns professores conseguem levar seus alunos a uma parte do caminho, mas apenas o Sadguru pode conduzi-los por todo o caminho. Tanto em Cristo quanto em Baba evidencia-se o pastor que guia seu rebanho de fiéis ao fim da jornada, abrindo cada porta para a Presença Divina. Mas, assim como Cristo, Baba não é o único Pastor Sadguru.

Atualmente, Sai Baba diz que sua vida é sua mensagem. Mais do que suas palavras, sua vida de Verdade e Amor constitui sua mensagem, e indica o caminho para Deus e para a vida eterna. Assim, ele também poderia ser considerado "o Caminho, a Verdade e a Vida".

Mas Swami nunca disse que seu nome e sua forma proporcionam a única entrada. Ele diz, com frequência, que existe apenas um Deus, e que cada nome e forma de Deus, quando sinceramente louvados, o levarão ao objetivo espiritual.

O Vedanta em ambos

Swami ensina que o primeiro passo no caminho em direção a Deus é dualista. Para praticar o caminho da devoção — a mais fácil via de acesso a Deus —, devemos pensar Nele como um Ser separado e louvá-Lo como tal. Essa abordagem dualística consequentemente nos guiará ao ser Divino interior que reconheceremos como parte e parcela do Divino. Dessa posição, o conceito máximo será finalmente percebido; saberemos que não há nada além de Deus, e cada um de nós é Ele. A parte tornou-se, paradoxalmente, o Todo.

Esses conceitos, além dos próprios axiomas do pensamento, não são compreendidos facilmente pela consciência humana. Então, enquanto reconhecemos suas verdades máximas, filosoficamente, perseguimos o objetivo espiritual ao longo dos caminhos dualistas — ou qualificados dualistas — nos alegres campos de *bhakti* (devoção).

Em termos de Vedanta, Cristo também ensinou *dvaita*, *visishtthadvaita* e *advaita* — que são dualismo, dualismo qualificado e não dualismo. Ele rezou a Deus como o Pai, um Ser separado, e nos ensinou a fazer o mesmo. No entanto, ele também disse a seus seguidores que eles eram filhos de Deus. Em essência, os filhos são unos com o Pai, portanto esse conceito representa um não dualismo qualificado. Às vezes, Cristo também fazia declarações do tipo: "Eu estou no Pai, e o Pai está em mim, e você está em mim como eu estou em você" e "O Pai e eu somos um", que é a compreensão não dualista — Deus é a unidade.

Cristo talhava seus ensinamentos a seus alunos: dualismo para a maioria, e não dualismo para aqueles mais filosóficos, exatamente como Baba faz hoje. Devemos compreender que nenhuma filosofia contém inteiramente a verdade, mas somente parte dela. Portanto, até os mais avançados, que consideram o não dualismo mais próximo da verdade, seja qual for, frequentemente preferem o dualismo na prática. Paramhansa Ramakrishna expôs esse assunto sucintamente quando disse que preferia provar a doçura do açúcar a se tornar o próprio açúcar.

Símbolos Cristãos

A representação das celebrações de Natal em Prasanthi Nilayam normalmente inclui alguns cânticos natalinos executados por devotos ocidentais, palestra de devotos de Sai sobre experiência cristã e, o ponto culminante, um discurso revelador de Swami sobre algum aspecto da história cristã.

Os Natais no *ashram* são eventos simples puramente espirituais — como deveriam ser em todos os lugares. Eu já ouvi cristãos dizerem que a época de Natal que passaram com Baba foi a mais sagrada da vida deles.

Mas em qualquer época do ano Baba materializa símbolos cristãos, como pingentes com a imagem de Cristo, e, numa ocasião, ele fez surgir para John Hislop um crucifixo de madeira bem antiga. Às vezes, os pingentes têm Cristo de um lado e Sai Baba do outro, ensinando, assim, a importante lição de Sai sobre as formas e os nomes Divinos.

Um devoto australiano viu uma cruz pendurada no pescoço de Swami, embora seus amigos não a tivessem percebido. Isso foi uma manifestação individual — como a que ocorreu a uma mulher ocidental que viu a face de Baba se transformar momentaneamente na de Jesus.

A experiência de Lawrence Galante, de Nova York, que se professa cristão, está em harmonia com essa comparação. Galante estava no *ashram* durante a temporada de Natal de 1976, e Swami pediu que ele falasse sobre Jesus Cristo a uma multidão de cerca de vinte mil pessoas. A partir desse dia, segundo Galante, sua mente ficou cheia de visões da vida de Cristo. Ele acredita que Baba tenha provocado essas visões, que continuaram acontecendo por mais ou menos um mês.

A palestra de Galante sobre Jesus foi seguida por um discurso de Baba no qual Galante o menciona ao afirmar que: "Cristo era uma Encarnação Divina [...]. Jesus era um mensageiro de Deus, o Filho de Deus e uno com Deus." Já ouvi Swami tecendo esses mesmos conceitos em outros Natais.

O resultado de sua visita a Prasanthi Nilayam foi tornar Lawrence Galante um cristão melhor: "Recebi a confirmação de Sai Baba de que Jesus era meu Deus, e de que Sai Baba era o Professor Divino que me levaria a Ele", disse Galante. Ele retornou à América para escrever sua tese sobre "Sai Baba: místico contemporâneo, mestre e Deus" para sua graduação pela Universidade de Nova York.

Alguns ensinamentos paralelos

Regras de conduta e máximas para alcançar a vida espiritual são oferecidas diariamente por Sai Baba, como eram por Jesus. Embora sejam diferentes na fraseologia, são iguais no conteúdo. Na verdade, isso não é surpreendente, uma vez que tais instruções espirituais se baseiam na Sabedoria Antiga que existia muito antes da época de Jesus. Para se adequar ao período em que vivia, Cristo divulgou parte dessa Sabedoria em certo estilo, com imagens mentais e ênfases que encontrariam aceitação naquela era. Embora, basicamente, a instrução seja a mesma agora, está fadada a sofrer algumas mudanças em sua ênfase e algum aprofundamento de interpretação nesta era para a qual os ensinamentos de Sai Baba são dirigidos. Como Tennyson escreveu: "Contudo, não duvido que, ao longo das eras, flua um crescente propósito, e o pensamento dos homens amplie com o curso dos sóis."*

Swami enfatiza e ressalta a verdade sobre a imanência de Deus na humanidade, e que o Deus interior é, na verdade, nosso Ser Real. Nos Evangelhos Cristãos, como chegaram até nós, não encontramos Jesus enfatizando essa grande verdade para as pessoas. Mas Ele a ensina. Ao dizer "Eu e o Pai somos um" (Jo 11,30) e "Eu estou em você", Ele está declarando, por inferência, "Deus está em você". Ele também disse a mesma coisa de outra forma: "O Reino de Deus está dentro de vós" (Lc 17,21).

São João registrou as palavras de Cristo a um grupo de hesitantes e hostis judeus no pátio do templo de Salomão: "Não está escrito na vossa lei! Eu disse: Vós sois Deuses?" (Jo 11,34). No Salmo 82, lemos: "Vós sois Deuses e filhos do Altíssimo, todos vós."

Nos antigos papiros descobertos no Egito na virada do século XX, conhecidos como os Oxyrhynchus Provérbios de Jesus,

---

* Alfred Lord Tennyson, "Locksley Hall", *stanza* 69.

esse ensinamento é colocado mais fortemente: "Aquele que conhece a si mesmo irá encontrá-lo (o Reino de Deus interiormente). E, tendo-o encontrado, saberá, por si mesmo, que está em Deus, e Deus, nele." Os papiros são do século III d.C. — tão antigos quanto outras histórias evangélicas.

São Paulo, o apóstolo de Cristo, relatou a mesma verdade eterna do seguinte modo: "Vós sois o santuário de Deus, e o Espírito de Deus habita em vós" (1 Co 3,16). Para os místicos cristãos, trata-se de uma verdade revelada que foi descrita de maneiras distintas.

Mas os líderes da Igreja perderam a doutrina, ou a abandonaram — como algo impróprio para a pessoa comum. Além disso, a história mostra que a Igreja punia severamente aqueles que ensinavam a mais importante revelação sobre a natureza dos seres humanos.

Finalmente, aqui estão alguns dos ensinamentos paralelos sobre o tema da ética espiritual, expressos de formas muito similares.

Sai Baba: Aquilo que você acha que não deve ser feito a você não faça aos outros.

Cristo: O que você acha que alguém deve fazer a você faça você próprio a ele.

Sai Baba: Em vez de procurar as falhas alheias, procure as próprias falhas. Extermine-as, jogue-as fora. Qualquer comentário sobre uma falha que você sabe que não está em você, não se abale. Quanto às falhas que estão em você, tente corrigi-las, antes mesmo que os outros a mencionem. Não alimente raiva nem vingança contra aqueles que apontam suas falhas; não reaja apontando as falhas deles, mas mostre sua gratidão a eles. É bom conhecer as próprias falhas.

Cristo: Por que observas o cisco que está no olho de teu irmão, mas não consideras a trave que está em teus próprios olhos?

Ou como dirás a teu irmão: deixa-me tirar o cisco do teu olho, estando uma trave no teu? Não julgues, para que não sejas julgado.

Sai Baba: Desenvolva Sathya e *prema* (verdade e amor), e então tudo virá a você, espontaneamente.

Cristo: Buscai primeiro o Reino de Deus, e a sua justiça, e todas essas coisas vos serão acrescentadas (Mt 6,33).

Sai Baba: Todos são seus companheiros de viagem — o irmão humano, o irmão selvagem e a irmã planta; o irmão bom e o irmão mau; o irmão espiritual e o mundano, todos seguem a marcha em direção à Liberdade Infinita. Dissemine fraternidade por meio da compaixão e aprofunde-se na compaixão pelo conhecimento.

Cristo: Amai a vossos inimigos, orai pelos que vos perseguem, fazei o bem aos que vos odeiam... Para que vos torneis filhos de vosso Pai que está nos céus; porque ele faz nascer o seu sol sobre maus e bons, e faz chover sobre justos e injustos (Mt 5,44-45).

Sai Baba: O homem não nasce para sair em busca de prosperidade material. Ele nasce para sair em busca do Divino. Você pode viver neste mundo, mas não deixe o mundo viver em você. A vida nos é concedida por

Deus para que tenhamos possibilidade de ver e alcançar Deus.

Cristo: Que proveito tem o homem ao ganhar o mundo inteiro, perdendo-se ou prejudicando a si mesmo? (Lc 9,25). Não junteis tesouros na Terra, onde a traça e a ferrugem os consomem, e onde os ladrões minam e roubam; mas juntai tesouros no céu, onde nem a traça nem a ferrugem os consomem, e onde os ladrões não minam nem roubam (Mt 6,19-20).

Sai Baba: Se você der um passo em minha direção, darei três na sua. Fico muito feliz quando uma pessoa que carrega um pesado fardo de misérias vem a mim, pois ela está mais necessitada do que eu tenho para oferecer.

Cristo: Vinde a mim todos vós, que estais cansados e oprimidos, e eu vos aliviarei (Mt 11,28).

CAPÍTULO 10

Sai Baba e o islamismo

Historicamente, hinduísmo e islamismo coexistem há séculos com suas respectivas desconfianças, hostilidade e intermitentes explosões de violência. Poucas pessoas tentaram unir essas religiões em uma base de mútua tolerância e compreensão. Entre os poucos nomes que me vêm à mente, estão Kabir, Mahatma Gandhi e Sai Baba.

Basicamente, elas ensinam a mesma verdade: existe apenas um Deus — o Um além de todas as formas, nomes, imagens e atributos que a mente possa atribuir a Ele. A principal diferença entre elas é que: enquanto o hinduísmo acredita que Deus pode se manifestar de qualquer forma, e que nós devemos justificadamente louvá-Lo na forma escolhida, o islamismo defende que não devemos usar uma forma ou uma imagem para louvar o Deus-sem-forma.

Para o islamismo, a percepção de Deus em uma forma leva as pessoas a confinarem a onipresente divindade naquela forma escolhida e a repelir as formas de Deus louvadas pela humanidade. Disso, resulta o conflito. É uma situação de perigo iminente, e de fato aconteceu muitas vezes na triste e sangrenta história das religiões organizadas do mundo.

Contudo, a mente que penetra e investiga a essência das coisas perceberá vários pontos em que as duas religiões podem ser unidas em respeito mútuo a seus respectivos pontos de vista. Um dos que trabalharam arduamente para que isso acontecesse foi o poeta e santo do século XV, Kabir. Embora fosse hindu, Kabir conquistou muitos seguidores muçulmanos. Na verdade, ele se tornou mestre dos gurus do sufismo, uma seita mística muçulmana com profunda compreensão do islamismo. Em suas *sadhanas* por progresso espiritual, os sufis colocavam os poemas de Kabir em primeiro plano. Seus poemas exalam Amor Divino, que é a essência do sufismo, como o caminho de *bhakti* no hinduísmo.

Durante sua vida em Shirdi, Sai Baba referia-se frequentemente a Kabir, cantava suas músicas e, na verdade, chegou a declarar que ele próprio era uma encarnação do poeta divino. Nascido de pais hindus, Shirdi Sai Baba teve dois instrutores espirituais na juventude. Um deles foi um faquir muçulmano, o outro, um hindu. Quando foi morar em Shirdi, ele fixou residência em uma antiga e abandonada mesquita muçulmana; no entanto, seu primeiro devoto foi um padre indiano chamado Mahalsapathy.

Os hindus que foram até Baba tiveram de provar um pouco do sabor islâmico, visto que Baba usava roupas muçulmanas, falava em língua muçulmana (urdu) e frequentemente se referia a Deus como Alá ou o Grande Faquir.

Um dos muçulmanos que foram a Shirdi foi um homem chamado Abdul, que acompanhou Baba por quase trinta anos, chegando em 1890 e permanecendo até o falecimento de Baba, em 1918. A função principal de Abdul era abastecer e manter acesas as cinco lamparinas que queimavam perpetuamente.

Sentado na mesquita, Baba abria aleatoriamente o Alcorão e fazia Abdul ler as passagens. Às vezes, Baba citava passagens do Alcorão, e Abdul as escrevia em um caderno. Tudo que saía dos lábios de Baba era considerado sagrado, e Abdul colocava tudo em um relicário. O caderno tornou-se o Alcorão de Abdul, que o considerava um guia para si e para todos.

Após o *mahasamadhi* de Baba, Abdul permaneceu em Shirdi por um longo tempo, decorando o túmulo, arrumando flores sobre ele e recebendo o primeiro *prasad** para seu sustento. Quando alguém queria ajuda em alguma situação difícil e procurava Abdul, ele abria o livro de declarações de Baba, e a resposta saía da página que havia sido aberta. Isso demonstrava eficácia. Um poço fora escavado no Sai Mandir, mas a água estava salobre. Abdul consultou o livro e a resposta foi: "Se o poço for cavado mais fundo, a água se tornará mais doce." Então, o poço foi cavado cerca de 600 metros mais fundo, e a água se tornou doce.

Por outro lado, os muçulmanos tinham de aguentar certas práticas desagradáveis, como Baba sendo cultuado em ritual hindu e tratado como um Avatar de Deus — um conceito que os muçulmanos não aceitam.

Tal era a magnitude do poder, do amor, da sabedoria e da compreensão de Sai Baba que, durante seus anos em Shirdi, um grande número de muçulmanos — tanto quanto de hindus e pessoas de religiões distintas — tornou-se devoto de Sai. Dessa

---

* *Prasad*: alimento que, antes de ser ingerido, é oferecido pelo devoto a Deus para abençoá-lo e torná-lo sagrado. (*N. do R.T.*)

forma, durante toda a sua vida, Baba prosseguiu no trabalho de Kabir — construir uma ponte entre o hinduísmo e o islamismo, duas religiões aparentemente antagônicas.

Durante a vida atual como Sathya Sai Baba, ele permanece com essa difícil tarefa. Segundo ele, na família da religião, o avô (hinduísmo) e o neto (islamismo) precisam chegar a um melhor entendimento. Devem cavar profundamente na fonte da verdade para alcançar a água mais doce da harmonia e fraternidade.

Harmonia e concórdia, ele sempre ensina, devem começar exatamente onde nos encontramos — em casa, na aldeia, na comunidade local. Dessa maneira, seu trabalho com os muçulmanos começou na aldeia de Puttaparthi. Durante o mês sagrado de Ramzan, os muçulmanos da aldeia são convidados por Swami para diariamente cantar hinos em louvor a Alá no *ashram* Prasanthi Nilayam, antes do alvorecer.

Baba também construiu uma mesquita para os aldeões de Puttaparthi. Antes disso, eles eram forçados a andar cerca de 7 quilômetros até outra aldeia para fazer suas orações. A construção da nova mesquita terminou durante o mês de Ramzan, em 1978. Baba compareceu à cerimônia inaugural, e fez um discurso para os muçulmanos, em sua maioria fazendeiros, artesãos e pequenos lojistas.

No discurso, Swami disse que o Alcorão, revelado ao profeta Maomé durante o mês de Ramzan, foi uma Comunicação Divina. Chegou ao Profeta por ondas de Vibração Divina da mesma forma que as verdades do *Veda*, da Bíblia, do *Zend Avestha* e de outras grandes escrituras foram reveladas à humanidade. Ele explicou que a magnitude do Alcorão, contida nos princípios de misericórdia, verdade, sacrifício, perdão e tolerância, é também encontrada em todos os textos sagrados da humanidade.

Como sempre, aprofundando-se no significado das práticas religiosas, Swami disse que o jejum prescrito no islamismo durante o Ramzan impõe mais que abstinência de comida e bebida do alvorecer ao pôr do sol. Também tem a ver com a abstinência de violência, falsidade, raiva, inveja e difamação. "Não celebre meramente com orações e jejuns ritualísticos, mas pratique a gentileza e a conduta reta para criar felicidade na sociedade." De fato, a abstinência de comida e bebida deve ser um sinal exterior para o jejum mais importante — o controle dos sentidos e a limpeza do espírito, que nos levam para mais perto de Deus.

Se os aldeões tivessem assimilado as profundas verdades contidas neste precioso legado que é o Alcorão, viveriam harmoniosamente com as pessoas que professam outras religiões e seriam um bom exemplo para os outros. Depois do discurso, Baba materializou, por Vontade Divina, sete medalhões de prata com a inscrição "Alá", entregando-os ao responsável pelo Comitê da Mesquita para que fossem distribuídos entre os membros.

A alegria que todos sentiram com o gesto de boa vontade de Baba, simbolizado pelo estabelecimento da mesquita na vila, foi evidenciada no dia da inauguração, quando os aldeões — muçulmanos e outros devotos de Sai — se aglomeraram no caminho até a nova mesquita. Com hinos em urdu e em télego, compostos especialmente para a ocasião, eles deram boas-vindas e louvaram a Baba.

Muçulmanos de todas as partes da Índia, e também de lugares distantes, como Líbano, Iraque, Irã e Líbia, são atraídos a Swami. Eles o veem como um grande profeta, um Místico Divino, ou sentem, como um deles expressou, "que a Luz que brilhou em todos os fundadores religiosos do passado encontra-se cintilando na pessoa de Sathya Sai Baba".

Dois de nossos bons amigos, muçulmanos e devotos de Sai Baba, são o professor S. Bashiruddin e sua esposa, Zeba. Ele é chefe do Departamento de Comunicação e Jornalismo da Universidade Osmania, em Hyderabad, Índia, e se expressa fluentemente em inglês sobre a relação entre os ensinamentos de Sai Baba e islamismo. Gentilmente, ele me enviou o manuscrito de seu artigo "Sathya Sai Baba: O Místico Divino" e me deixou inteiramente à vontade para utilizá-lo caso o desejasse.

Em determinado momento, ele escreve: "Com Baba, entendo o significado dos versos alcorânicos e vejo-o como o mais misericordioso, a força divina mais clemente, dando sentido concreto e experiência ao benevolente espírito de Alá..."

E ainda: "No Alcorão, 'Deus não distingue entre os ensinamentos originais de uma e de outra religião' (11,136), apenas confirma a pureza das escrituras anteriores. A essência dos ensinamentos de todas as religiões é a mesma, o que houve foi uma adaptação aos fatores culturais, geográficos e ambientais de cada localidade. Sri Sai Baba salienta que *Vedas* e *Puranas* não pertencem à Índia nem a qualquer outro país, ou mesmo a qualquer religião. Eles são destinados à humanidade como a voz de Deus (Verdade)."

A concepção islâmica de Deus como sem início, sem fim e além de toda compreensão humana é exatamente o que Swami ensina sobre a mais alta divindade. Enquanto Swami diz que Deus está presente em todos como o *Atman*,* no Alcorão Deus declara: "Eu estou em tua própria alma. Por que tu não me vês?"

---

* *Atman* é o Eu Real, que não é o corpo físico, nem o sutil, nem o mental, mas o Ser verdadeiro — divino, puro, imortal, sem nascimento e morte, eternamente bem-aventurado, visto que é uno com Deus. (*N. do R.T.*)

E esse Deus inerente — Swami ensina e demonstra — sabe todos os seus mais secretos pensamentos e sentimentos. Esta surpreendente verdade também é ensinada no Alcorão: "Deus conhece os mais íntimos segredos da mente humana."

Como milhares de pessoas, o professor e a sra. Bashiruddin vivenciaram esta Onisciência Divina, com Sai Baba, em várias ocasiões. Eis uma delas, em que, segundo o professor, eles "aprenderam o árduo caminho":

"Quando fomos até Swami pela primeira vez, tivemos de esperar cinco dias para ir a sua presença, pois chegamos a Puttaparthi com o coração cheio de ressentimento — certamente cada um de nós possuía um ego forte. Quando me ocorreu que talvez fosse esta a razão de Swami não nos ter chamado até então, iniciamos, na tarde do quinto dia, nosso processo de reparação perdoando um ao outro e dissolvendo antigos rancores. No dia seguinte, Swami nos chamou. Seu primeiro comentário, com um radiante sorriso, foi: 'Como vai a disputa entre vocês?' Percebendo, envergonhados, que Swami sabia o que acontecera secretamente entre nós, apressamo-nos em responder que aquilo era coisa do passado."

O professor ouvira falar que Swami oferecia mantras a alguns devotos e sentiu um forte desejo de ter um para si. Durante o encontro com Swami no Festival de Dassera em 1977, Bashiruddin pediu-lhe um mantra.

"Que mantra?", Swami perguntou, erguendo a mão e puxando, do colarinho da camisa do professor, um medalhão de prata com a inscrição "Alá". Baba materializara o medalhão durante o encontro em Dharmakshetra, Bombaim. Sem dizer nada, Swami colocou o medalhão em seu lugar. "Isto me convenceu", escreve o professor, "de que o mantra pertinente a mim já estava em volta do meu pescoço".

Este devoto muçulmano de Baba diz que foi uma crise relativa a seu trabalho — e envolvendo perda de confiança — que o levou a Sai Baba pela primeira vez. E, embora o problema tenha sido resolvido e se tornado passado, ele acha que a contínua graça de Baba é como uma âncora: tanto pode ser lançada num momento de necessidade quanto para enfrentar os problemas do dia a dia. Sua fé na sempre presente ajuda de Baba tem sido intensificada e acentuada por muitos milagres pessoais e familiares — tangíveis ou não.

A erudita Zeba Bashiruddin é uma das duas senhoras muçulmanas que escrevem poesias para Baba. A outra é a distinta poetisa persa, Begum Tahira Bano Sayeed, que sente o espírito do Profeta em Sai Baba. Ela se tornou devota de Sai há mais de uma década.

O professor Bashiruddin disse-me que sua esposa, Zeba, quando foi a Swami, era uma muçulmana ortodoxa. Sei que ela é uma mulher bem-educada, culta, sensível e sempre pronta a executar tarefas subalternas a serviço do Senhor.

Zeba publicou um volume fino de poemas devocionais dedicados a Swami. Eles são escritos em urdu, com tradução para o inglês, e têm um forte sabor sufi no qual Deus é visto como o Amado do coração humano. Gentilmente, ela presenteou minha esposa com um exemplar. O prefácio é uma interpretação sufi de Sai Baba. O sufismo, a real essência do islamismo, é certamente o melhor antídoto e corretivo contra o fanatismo religioso de alguns muçulmanos em vários países.

"Quando vi Sai Baba pela primeira vez", escreve Zeba no prefácio, "eu era uma muçulmana tradicionalmente educada.

Meus pais, zelosos e eruditos, são impregnados de misticismo islâmico. Minha formação mística me fez acreditar parcialmente na divindade de Baba. Nosso primeiro encontro, que foi imensamente agradável, desencadeou forças ocultas. O conflito, profundamente enraizado, da crença tradicional com a magnética atração do amor começou a se estabelecer. A isso, seguiu-se um período de inexplicável agonia, até que uma noite a voz de Baba penetrou em meus sentidos meio adormecidos: 'Você nem conhece a própria religião. Como pode me conhecer?' De manhã, como uma colegial, voltei-me para o estudo do misticismo islâmico e, quando as portas do sufismo foram finalmente abertas, encontrei-me aos pés de Sai Baba".

Zeba deu-se conta das similaridades entre o Alcorão e os *Vedas*, que são a base dos ensinamentos Sai. Descobriu, por exemplo, que dois pontos significativos na mensagem de Baba são o amor a Deus e o amor à humanidade expressos em serviço. "Servir à humanidade é servir a Deus", Swami constantemente nos lembra. Zeba, traçando um paralelo, escreve: "O Profeta do Islã frequentemente observava que 'toda a humanidade é a família de Deus, e é mais amado por Deus aquele que faz o bem maior à sua família'."

O sufismo postula que tudo que realmente existe no universo é Deus, e as formas externas que mudam constantemente são irreais e ilusórias. Baba sempre enfatiza a diferença entre o real e o irreal, dizendo: "Apenas o *Paramatma** é real. *Paramatma* é Verdade. *Paramatma* é Amor."

---

* *Paramatma* é o supremo Ser, o Brahman, que é o Absoluto Indivisível, a Realidade por trás da multiplicidade aparente e ilusória. (*N. do R.T.*)

Baba também ensina, como vimos, que o único propósito da existência humana é conhecer Deus e fundir-se em Sua glória. Para os muçulmanos sufis, a união com o Amado é a realização final. Mansur Ibn Hallaj escreveu: "Eu vi meu Senhor com o olho do meu coração. Eu perguntei: 'Quem és tu?' Ele respondeu: 'Eu sou tu mesmo.'"

Zeba descobriu inúmeras semelhanças entre os ensinamentos Sai e o sufismo que, para ela, realçam a ligação estreita entre eles — embora distantes no tempo e no espaço, eles são basicamente inseparáveis. Ela também comparou os milagres de Sai Baba aos dos grandes santos muçulmanos.

Certa vez, Mohammed comentou que cada santo e cada mensageiro da verdade tem dons especiais. Ao observar esses dons, as pessoas são levadas a acreditar na validade de suas missões. Portanto, o objetivo básico do milagre divino é fortalecer a fé e promover a verdade no meio da humanidade. Em busca desses objetivos, os santos muçulmanos, segundo as palavras de Zeba, curaram "doenças incuráveis, ajudaram misteriosamente devotos em sofrimento, enriqueceram os pobres com inesperada fortuna, realizaram vários desejos, criaram objetos do nada e trouxeram de volta à vida homens declarados mortos. Para mim, como muçulmana, os milagres de Baba exibem a mesma divindade que foi manifestada pelo Profeta Maomé e, posteriormente, por místicos muçulmanos".

Ela traça um paralelo entre alguns milagres realizados por santos muçulmanos do passado e os que estão sendo testemunhados em torno de Baba e declara que essas demonstrações de poder divino, em qualquer época, mudam a atitude e a vida de muitas pessoas, guiando-as para mais perto de Deus.

Ela sustenta que sempre e em toda parte a poderosa força que existe por trás da grande diversidade de milagres divinos é o Amor. Contudo, "a limitada mente humana não consegue compreender este Amor, nem registrar todos os milagres. Na melhor das hipóteses, ela pode aceitar a verdade mística de que Baba é o Amante, o Amor e o Amado".

Deixe-me concluir este capítulo com algumas linhas da poesia de amor de Zeba Bashiruddin para o Senhor Sai.

Tranquilamente, sem o meu conhecimento, ó, Senhor
Mudaste meu mundo com um vislumbre
Tocando os sombrios silêncios
Com um gentil fulgor.
A aurora agora se apressa pelos corredores da noite
Suavemente, serena, despercebida
Como os fugazes passos de Teus Pés de Lótus.
O céu crepuscular eternamente recorda
O gracioso movimento de Tua túnica cor de ocre.
E os momentos vazios de minha tumultuada vida
ANSEIAM
Pelas riquezas de Teu transbordante Amor.

CAPÍTULO 11

Baba e o budismo

Entre as pessoas de várias formações religiosas que se reúnem em torno de Sai Baba, encontram-se sacerdotes budistas de muitos países. O que será que eles buscam aqui, esses homens de robe cor de ocre, dedicados ao caminho espiritual planejado há muito tempo pelo grande sábio Sakya Muni?

Deve ser interessante comparar os ensinamentos de Sai com aqueles do norte da Índia transmitidos pelo príncipe guerreiro Gautama, há 2.500 anos, que alcançou a iluminação durante longa meditação sob a Árvore Bodhi. A seguir, o príncipe recebeu o título de o Buda, que significa o Iluminado (do particípio passado do verbo sânscrito *budh*, que quer dizer despertar, acordar).

A missão de Buda veio em uma época de grande confusão e agitação filosófica na Índia. Seus ensinamentos, em contraste, eram práticos e empíricos. Na verdade, ele evitava toda especulação metafísica.

Enquanto o Iluminado andava pelo campo daquele antigo mundo observando a condição humana, percebeu — como perceberia hoje — seres que, apesar de sempre estarem buscando a felicidade, permaneciam na maior parte do tempo em estado de descontentamento, dor ou sofrimento. Sai Baba, ao observar a mesma situação, disse: "O prazer é apenas um intervalo entre duas dores."

O Buda sabia, como todos os Seres Iluminados, que, na verdade, a felicidade e a alegria são o estado normal de nossa própria natureza. Então, qual é a causa do estado anormal em que nos encontramos? Achamos que a causa de nossas infelicidades, frustrações e sofrimentos reside nas coisas à nossa volta — tais como golpes do destino, más condições, hostilidade alheia, atos de Deus e daí por diante. Mas o Buda, assim como Baba, percebeu que a causa da doença é interior. Está enraizada nos desejos, levando o indivíduo a ansiar — e a se apegar — pelas coisas transitórias do mundo. O desejo egoísta uniu-se à ilusão ou à ignorância das coisas como realmente são. Uma autêntica representação gráfica ilustrativa da difícil situação humana nos mostraria num veículo chamado Ilusão, dirigido por um motorista louco chamado Desejo.

Ao considerar essa antiga doença humana, Swami disse: "Despoje-se de coisas como o engano, a ilusão, o 'eu' e o 'meu' que você ficará em paz." E também: "Abandone o condenável egoísmo, a danosa ganância e a tóxica inveja. Quando buscar alegria em algo externo, lembre-se de que as maiores alegrias estão em sua própria consciência." De maneiras diferentes, Baba declarou que a ignorância da Verdade é a causa dos erros e do constante martírio. Se olharmos para a situação objetiva e analiticamente, conseguiremos perceber isso por nós mesmos.

Existe uma cura para a doença? O propósito da evolução da consciência é efetuar — gradativa e dolorosamente — nossa elevação de animal-humano para humano-divino. Quando isso é alcançado, a doença humana do nascimento-ilusório desaparece como a neblina da manhã. Mas existe um método de tratamento, uma receita para ajudar aqueles que sofrem?

O piedoso médico espiritual chamado de o Buda escreveu uma receita. Ou melhor, ele a transmitiu a seus seguidores, pois naqueles tempos pouco se escrevia. Seus seguidores repetiram-na aos que lhes seguiram, e assim por diante, através de gerações, por cerca de três séculos. Então, finalmente, a receita foi escrita.

Será que a receita sofreu alterações em razão das inúmeras transmissões verbais ao longo do tempo? Provavelmente sim. Mas pelo menos podemos conferir a essência da "cura" do Buda, comparando-a com outras receitas prescritas por outros médicos espirituais da humanidade.

A receita do Buda é conhecida como o Nobre Caminho Óctuplo. Também é chamada de Caminho do Meio, pois indica um caminho entre os dois extremos — o da indulgência sensual de um lado e o da severa austeridade do outro. Os ingredientes da receita foram nomeados diferentemente pelos escritores do budismo. Portanto, temos de nos empenhar para ver o significado do Buda sob os vários termos usados atualmente. Aqui estão os termos usados, usados por um escritor, traduzidos diretamente das palavras em língua páli, em que o Caminho Óctupla foi pela primeira vez escrita. Os dois primeiros preocupam-se em corrigir nossos pontos de vista e nossas intenções.

1. *Sammadithi* ou Visão Reta. Primeiro, os pacientes têm de adquirir uma visão reta das coisas. Eles têm de penetrar no véu da ilusão e observar a situação humana como realmente é. Devem

perceber que todas as coisas fenomenais são transitórias, que todo início deve inevitavelmente ter um fim. Devem perceber, pelo menos em certo grau, que a única coisa constante neste mundo é a contínua mudança. Essa visão reta e essa compreensão os ajudarão a levar a cabo os outros requisitos do tratamento.

Isso é uma visão do universo ensinada enfaticamente por Sai Baba, que conta com o suporte da física moderna. A física nuclear (ou de alta energia) demonstrou que, por trás do sólido mundo das formas que nossos sentidos e nossa mente constroem, só existe uma constante mudança de padrão de energia. Não há nada senão dinâmicos feixes de energia. O restante é uma ilusão criada pela mente humana. Mesmo com esse suporte científico, é difícil penetrar na hipnótica visão do mundo dos sentidos. Portanto, esse primeiro passo em direção à sabedoria não é fácil.

2. *Samasankappa* ou Determinação Reta. Os pacientes, ao perceberem corretamente a natureza das coisas e saberem que a dificuldade no transitório e insubstancial mundo é a causa da desarmonia e da infelicidade, decidem controlar os desejos e cortar o nó do apego às coisas falsas. Sem essa firme resolução mental, e o uso da poderosa força de vontade para levá-la adiante, nada será alcançado.

Os próximos três requisitos referem-se ao relacionamento dos pacientes com os outros e à atitude deles em relação à ação neste mundo.

3. *Sammavacha* ou Discurso Reto. No tempo do Buda, o discurso era virtualmente o único meio de comunicação entre as pessoas.

Hoje em dia, porém, o requisito do discurso reto cobre a comunicação escrita e visual — além da verbal. Como diz Baba, devemos vigiar sempre nossas palavras. Elas podem ser flechas venenosas ou — mais fielmente — venenosos bumerangues.

Do mesmo modo, as palavras podem ser poderosos agentes de trapaça, e costumam ser usadas intencionalmente dessa forma no comércio e na política atuais.

Em vez disso, elas deveriam ser usadas como velozes mensageiras da Verdade e do Amor, levando enaltecedora alegria e paz. Na melhor das hipóteses, as palavras escritas podem ser mensageiras imortais, viajando pelos corredores do tempo até o coração dos que ainda não nasceram, como têm sido as palavras de todos os grandes Professores Iluminados.

De qualquer modo, os pacientes que querem ser curados de seus males têm de falar a verdade, visando ajudar, nunca ferir seus irmãos.

4.   *Sammakammanta* ou Conduta Reta.

5.   *Sammajiva* ou Subsistência Reta. Estes dois ingredientes estão estreitamente relacionados. A conduta reta significa que as ações devem estar em conformidade com um elevado código moral e ético. Eles não devem causar dano algum às pessoas e, na medida do possível, devem evitar danos a qualquer tipo de vida. Idealmente, toda ação deve ser motivada para o amor, a benevolência e a boa vontade, o que acontecerá se eliminarmos da mente toda motivação negativa — como ódio, inveja, ganância, luxúria, raiva, e assim por diante.

Os aspirantes serão auxiliados a alcançar esse ideal prestando atenção ao ingrediente número 5 e escolhendo um meio adequado de ganhar a vida. A "Subsistência Reta" no caminho espiritual significa que o trabalho diário deve trazer algum bem para a humanidade. De qualquer modo, não deve causar qualquer dano direto aos outros.

Os aspirantes à totalidade devem, portanto, examinar a vocação mais de perto para determinar se traz algum dano à humanidade, direta ou indiretamente. Se trouxer, devem mudar para qualquer outro modo de subsistência; caso contrário, os efeitos cármicos do trabalho vão reter o progresso. Mesmo quando a natureza do meio de vida é correta, eles devem dedicar todo trabalho ao Altíssimo, como um sacramento; isso então se transforma em um ioga para ajudar na escalada. Baba resume isso na frase "trabalho é louvor".

Os últimos três aspectos do Caminho Óctuplo referem-se às disciplinas mentais. Eles se relacionam à escola de Raja Yoga dos Hindus *rishis*.

6. *Sammavayama* ou Esforço Reto e Empenho. Um esforço desanimado e mal direcionado nunca alcançará o objetivo principal. O empenho deve ser constante, implacável, guiado para essa tremenda mudança em nosso centro de gravidade.

Pela compreensão e concentração no objetivo, reduzimos nossos conflitos; liberaremos muita energia e seremos capazes de levar adiante esforços renovados para nos manter no Caminho do Meio. Sai Baba é um exemplo vivo do que podemos atingir se alcançarmos a perfeita harmonia interior. Sua energia parece ser ilimitada — e talvez realmente seja. Haverá limites quando a própria fonte de energia está aberta?

7. *Sammasati* ou Consciência Reta, Atenção ou Cautela. O objetivo aqui é estar completa e permanentemente ciente do que estamos fazendo, pensando, dizendo. Desse modo, deixamos de ser como normalmente somos — máquinas autômatas reagindo instintiva e impulsivamente. Gurdjieff chamou essa consciência especial de "autorrecordação". Isto é, você se lembra de si e vigia a si próprio em todas as situações — como se fosse uma testemunha, objetivamente se examinando em ação.

Sai Baba emprega a palavra WATCH* para nos ajudar a vigiar a nós mesmos. Ele diz: "Vigie suas Palavras, vigie suas Ações, vigie seus Pensamentos, vigie seu Caráter, vigie seu Coração (emoções) — VIGIE!"

8. *Sammasamadhi* ou Reta Contemplação. Esse nos oferece a experiência mística direta da Realidade, que é o objetivo de todo o esforço. No entanto, como Baba também ensina, para adquirir esse conhecimento, além de praticar a concentração, a contemplação e a meditação, temos de viver uma vida ióguica. Diariamente e durante todo o dia devemos nos esforçar para discernir a Verdade do Ser da falsidade das aparências; devemos viver uma vida que nos purifique para receber a visão da Verdade; e devemos nos voltar para nosso interior, para além da mente, a fim de experienciar a Verdade do nosso Ser.

---

* Watch, que em inglês significa Vigie, tem cinco letras, que correspondem às iniciais de Word (palavra), Acts (atos), Thought (pensamento), Character (caráter) e Heart (coração). (*N. do R.T.*)

Um momento eterno dessa experiência de unidade nos mostrará, sem dúvida alguma, quem e como somos. Ao nos empenharmos no Caminho, alcançamos o estado de iluminação, que revela nossa própria natureza budística. Então, pela ausência do combustível do desejo, o fogo do conflito e do sofrimento apaga-se e alcançamos o nirvana. O hinduísmo chama isso de *moksha*, e o cristianismo, de salvação.

Os oito passos do Caminho do Meio não devem ser dados isoladamente, um a um. De preferência, devemos pensar neles como componentes de um preparado farmacêutico a ser ministrado diariamente. Ou, usando outra analogia, devemos considerá-los os oito raios de uma roda, com cada um deles dependente da correta *performance* dos outros sete.

As grandes verdades expostas neste caminho foram ensinadas muitos anos antes de Buda e, desde então, têm sido ministradas de maneiras diferentes e com outras palavras, por professores iluminados. Hoje em dia, Baba proclama a mesma mensagem — em essência, que devemos nos empenhar — por meio do conhecimento reto, da ação reta, do discurso reto, do questionamento e de uma profunda jornada interior — para alcançar a realização de nossa unidade com Aquele que está além de todas as coisas como as conhecemos. Não faz diferença se o objetivo final denomina-se nirvana, dharmakaya, Brahman ou Espírito Absoluto.

Os ensinamentos de Buda levam-nos à Sala da Verdade por intermédio do que Aldous Huxley chama de porta inferior. Com uma simples e mínima explicação filosófica, o Buda nos dá as regras para viver. Ao segui-las fielmente, os aspirantes alcançarão uma compreensão mais profunda.

Se a porta principal conduz inicialmente a uma consideração metafísica e filosófica como uma preliminar à ação, então podemos pensar em Baba como aquele que nos conduz para esta porta central, onde pensamento e ação se encontram. Ele dita regras e dá instruções para viver a vida espiritual, como o Buda fez, mas ao mesmo tempo fornece mais explicações metafísicas sobre a Verdade do Ser.

O Buda deu um curso de faça-você-mesmo sobre Iluminação: "Busque a própria salvação", aconselhou. Swami, ao mesmo tempo em que ensina que devemos ser autodidatas, também oferece a ajuda da Graça de Deus. Ele sabe que grande parte das pessoas precisa de algo para cultuar, por isso o dualismo é necessário por um tempo. No fim, ou perto do término da longa jornada, eles perceberão que o Deus que eles amavam e cultuavam identifica-se com a Centelha Divina que existe em cada um deles. Mas, até que este momento chegue, eles precisam venerar uma figura de amor e sabedoria que se encontra muito além de suas próprias imagens. Então, Swami acrescenta um novo raio à roda para a árdua jornada — que é a fé em Deus. E, para aqueles que estão no Caminho de Sai-Bhakti,* o eixo da roda é o Amor.

Evidentemente, nada estaria mais longe da verdade do que afirmar que o caminho do Buda carecia de amor. Afinal, ele não era conhecido, como ainda é, como o Compassivo? Seu amor abrangia toda a vida. Não só ele se compadecia dos que sofriam, como dos que, em sua ignorância e ilusão, causavam sofrimento aos outros.

---

* Sai-Bhakti é o caminho do Amor tão enfatizado por Sai Baba. (*N. do R.T.*)

Contudo, não há dúvida de que é mais fácil experienciar *prema*, a meta do budismo, o Amor Divino, na genuína presença física de um Ser Iluminado. O amor torna-se então a força tangível, o poder alquímico da mudança interior, a inspiração para manter os pés do peregrino movendo-se sempre para frente. Mas o físico "Corpo de Compaixão" budístico desapareceu da Terra 2.500 anos atrás, e alguns seguidores modernos parecem ter colocado o amor no banco traseiro. Talvez por isso os monges budistas venham a Baba para vivenciar o que acontece quando a Personificação do Amor senta-se no banco da frente.

É possível que existam outras razões para que os robes ocres sejam mais um grupo no meio da multidão que acompanha Sai. Até onde os registros mostram, o Ser Iluminado silenciou sobre a questão Deus. Contudo, todos anseiam por algum insight sobre esse assunto, e os budistas *mahayana* traçaram conclusões e doutrinas metafísicas a partir do silêncio do Buda. Essas doutrinas são similares às do hinduísmo e aos ensinamentos de Swami sobre Deus transcendente e Deus imanente.

Baba raramente dá uma palestra sem usar a palavra Deus. No entanto, um olhar mais atento perceberá que aquilo que ele diz concorda em essência com o que está subtendido no fecundo silêncio do Buda.

Segundo Baba, o mais alto Princípio Divino, Brahman, é desprovido de atributos e, portanto, acima de qualquer conceito e definição humanos. Sem dúvida, em seu silêncio, o Buda ensinou essa mesma verdade. Assim acreditam os budistas *mahayana*, que chamam este Princípio Absoluto de *Dharmakaya*, o Buda Primordial ou a Clara Luz do Vazio.

Tanto o budismo quanto Baba afirmam que o Princípio Divino, sem forma e sem atributos, está em todas as coisas e transcende a tudo. O Buda declarou que a verdadeira natureza de cada ser humano é a mesma de um Buda, enquanto Swami enfatiza que a verdadeira natureza de cada ser humano é ser Brahman. Portanto, a diferença é uma questão meramente de semântica.

O Deus a que Swami mais se refere em suas palestras é uma manifestação do Brahman sem forma: pode ser Shiva, Vishnu, Krishna, Rama ou algum outro Nome e outra Forma que amamos cultuar. De modo evidente, o Buda não mencionou nenhuma dessas manifestações especiais do Princípio Divino. Contudo, na doutrina dos budistas *mahayana*, o Buda é considerado uma manifestação do *Dharmakaya* ou do Buda Primordial.

Além disso, o budismo ensina que existem seres altamente evoluídos denominados *Bodhisattvas*, que prometeram ajudar todos os seres a atingir o nirvana antes de se dirigirem para este estado livre e não manifesto. Isso leva a natureza da ajuda interior a níveis mais sutis. Significa, portanto, que aqueles que trilham o Caminho não estão, afinal, inteiramente sozinhos nessa luta. Existe ajuda vinda de níveis superiores, embora os budistas não a chamem de "graça".

A ênfase relativa aos fatores de autoajuda e de auxílio vindo de níveis superiores de consciência, como ensinado por Buda e Baba, pode diferir, mas o princípio é o mesmo: é necessário um esforço constante, mas a compassiva ajuda superior está sempre presente. Essa grande verdade é revelada de muitas maneiras, e acentuada diferentemente, pelos grandes Professores Iluminados da humanidade.

Mas esses evolucionários e memoráveis Professores vêm apenas em intervalos muito espaçados. Com o passar do tempo, o impulso que eles deram perde seu poder, e seus ensinamentos originais perdem muito de sua pureza e significado mais profundo. Além disso, o elo de amor se perde ou se torna muito enfraquecido. Certamente, além de procurar pelo perdido Elo do Amor, alguns dos visitantes de robe ocre vêm para receber um renovado impulso espiritual do Ser dinâmico de Sai Baba e para ouvir os puros ensinamentos perenes de uma Voz de Autoridade.

CAPÍTULO 12

Através de outras lâmpadas

Siques, com brilhosos turbantes, vindos do Punjab, indistinguíveis jainistas vindos de Gujarat, pálidos parses de Bombaim e judeus do mundo inteiro fazem parte, muitas vezes generosamente, da multidão que cerca Sai Baba. Qual é a Luz que emana dessas quatro lâmpadas religiosas, e como pode ser comparada à Luz de Sai?

A doutrina dos siques

Enquanto três delas são lâmpadas muito antigas, a outra — o siquismo — é a mais nova das religiões do mundo. Seu fundador, Nanak, nasceu em 1469 d.C., em uma Índia onde as duas principais religiões — o hinduísmo e o islamismo — viviam em conflito.

Contam que, quando jovem, Nanak passava o tempo meditando e caminhando pela floresta. Durante esse período, o direcionamento de sua vida futura foi determinado por uma visão divina e uma oportuna mensagem de Deus. A mensagem dizia que não há maometano nem hindu; existe apenas um Deus. Nanak prometeu devotar sua vida a serviço deste Deus Único.

Do trabalho e dos ensinamentos de Nanak, nasceu uma nova religião — a religião que tem como ideia fundamental o apostolado dedicado. A palavra *sikh*, na verdade, significa "discípulo".

Depois de Guru Nanak, como se tornou conhecido, houve nove líderes siques, ou gurus, sendo o último o Guru Govindsingh. Os ensinamentos, as declarações, os hinos de cada um dos gurus eram anotados no livro sagrado dos siques, chamado de *O Grande Saheb*. Atualmente, esse livro é considerado o Guru. Uma cópia é mantida no altar do templo de cada sique, e tratada com grande veneração pelos devotos.

As principais características dos ensinamentos siques são: Deus é Poder e Inspiração permeando tudo que há. Deus é chamado de *Sat Nam* (literalmente, o Uno Nome Verdadeiro), ou então é inominado. Ninguém deve se supor conhecedor do nome de Deus.

O mundo, como conhecemos, é uma ilusão. Sua verdadeira natureza está além da concepção humana; portanto, nosso conhecimento do mundo é parcial e efêmero. A única maneira de obter o verdadeiro conhecimento é absorvendo-se na consciência de Deus. Das práticas que levam à absorção no Divino, uma das mais importantes é a meditação na Luz Divina (Jvoti) e nos Gurus que foram personificações desta Luz.

Na primeira visão divina do jovem Nanak, foi-lhe dito para repetir com muita constância o nome de Deus — presumivelmente as palavras *Sat Nam*. Em consequência, essa prática (conhecida como *japa*) é de grande importância para os siques e considerada a outra chave da porta da realização divina

Em razão das condições na época de seu prematuro desenvolvimento, a religião sique tem alguns aspectos marciais, como demonstrado em seu aspecto exterior. Coragem, disciplina e dedicação à causa são características muito exaltadas. Todos os aspectos básicos do siquismo estão em harmonia com o Caminho Sai. A Luz que brilha é a mesma Luz. Mas, talvez após cinco séculos, a lâmpada sique precise de algum polimento. O tempo obscurece as lâmpadas de todas as religiões. Talvez por isso os de barba avantajada, em seu turbante vermelho-cereja ou azul-turquesa, acreditem que Swami seja seu Polidor Divino.

Além disso, a ciência sagrada ensina que um livro, não importa quão santificado seja, não deve ser considerado o único professor espiritual. As escrituras não podem transmitir as verdades mais profundas e não devem, por certo, ser cultuadas. Então, é provável que alguns modernos buscadores siques encontrem em Sai Baba o que seus antepassados encontraram nos dez Gurus.

Jainismo

O jainismo é uma das mais antigas religiões do subcontinente indiano. Dizem que existe desde tempos imemoriais, mas organizou-se coerentemente com Jina Vardhamana Mahavira, que nasceu em 569 a.C., cerca de uma década antes de Siddartha Gautama, o Buda. A palavra *jina* significa "conquistador", e é aplicada a qualquer um que tenha dominado o ser inferior e atingido a perfeição. *Mahavira* significa "grande herói".

Há alguns pontos comuns e interessantes entre Vardhamana, o Grande Herói, e Gautama, o Iluminado. Ambos perten-

ciam à casta dominante. A certa altura, abandonaram a família
para se dedicar à vida de asceta. Em vez de se tornarem homens
bem-sucedidos, transformaram-se em líderes espirituais. Alguns antigos reinos da Índia acolheram o budismo; outros se
tornaram jainistas.

Além disso, nenhum deles postulou a existência de um
Deus-com-forma. Ambos enfatizaram a generosidade e a preservação de qualquer forma de vida. Por isso é que os adeptos
dessas religiões geralmente são dotados do atributo especial da
bondade.

A diferença é que o jainismo, ao contrário do budismo, defende a existência de almas individuais, chamadas de *jivas*. Pela
própria natureza, a *jiva* é livre de qualquer escravidão, mas se
confunde com a matéria e, desejosa de prazeres materiais, en-
trega-se a ações que criam carmas comprometedores. Assim,
torna-se presa à Terra e sujeita-se ao constante renascimento.

Mas a *jiva*, ou alma individual, tem de se livrar da ligação
com a matéria. Isso, como o Buda e outros líderes espirituais
ensinaram, dá-se pelo reto conhecimento que conduz à visão
reta ou compreensão da Verdade. Que conhecimento é este?
Não é do tipo que chega pelos cinco sentidos; é um tipo mais
elevado que alcança a mente, desviando-se dos sentidos.

O caminho de preparação para esse conhecimento inclui algumas disciplinas e éticas espirituais, que são estabelecidas por
todas as religiões. Veracidade, honestidade, desapego, não ser
ganancioso e não cometer injúrias são alguns dos requisitos para
a vida espiritual, guiando à libertação da escravidão.

Grande parte abrange o preceito jainista de *ahimsa*, ou não
violência; cada tipo de ação ou palavra nociva — de simples

ofensa até assassinato — é um pecado. Os jainistas também dão muita importância à fé e ao trabalho — o tipo de trabalho humanitário que nasce da compaixão pelos desaventurados.

Com a autodisciplina, o empenho por ter uma vida espiritual, a *jiva*, torna-se, ao longo de muitas encarnações, um *jina* ou conquistador. Isto é, a alma livra-se do carma, criado por seus próprios erros, e transforma-se novamente em alma livre. Existem graus de liberdade, mas, no estado de perfeita pureza, quando o carma é anulado, a pessoa torna-se um *Arhat* — um Ser Perfeito, uma Pessoa Sagrada.

O santo jainista Vijaya Dharma Suri, que viveu em tempos modernos, disse que é errado chamar os jainistas de ateus, como alguns fazem. Segundo ele, o jainismo aceita o conceito de *Paramatma*, o Ser Supremo, o Espírito Divino que permeia todas as coisas. Isto é Deus-sem-forma. Ao mesmo tempo, os Seres Perfeitos que recebem a veneração jainista podem, penso eu, ser igualados ao Deus-com-forma do hinduísmo.

O objetivo final da vida para os jainistas é a bem-aventurança chamada de nirvana. Nesse estado, a alma não deixa de ser, mas continua sua existência em uma liberdade e quietude absolutas que não podem ser descritas.

O nirvana dos jainistas certamente não é diferente do conceito hindu de *moksha* e fusão com Brahma (também um estado além de qualquer descrição). Nem é diferente do nirvana dos budistas, sobre o qual Edwin Arnold escreveu:

Se alguém ensina que o NIRVANA significa extinguir-se,
Diga-lhe que ele mente.

Se alguém ensina que o NIRVANA significa viver,
Diga-lhe que ele erra; sem saber disso,
Nem qual a luz que brilha além de suas quebradas lâmpadas,
Nem a inerte, intemporal, bênção.*

É possível perceber que não existe realmente diferença alguma entre as ideias jainistas e os ensinamentos de Sai. Pode haver diferença na ênfase, mas basicamente as duas são uma só. Por que então os jainistas são atraídos ao grande magnetismo de Sai?

Aqueles que encontrei aos pés de Sai me disseram que Swami lhes revelou uma qualidade espiritual e um carisma que nunca encontraram em sua própria religião. Assim, ele os trouxe de volta à verdadeira religião, que, como diz Baba, é única. Se os jainistas consideram Baba um Ser Perfeito, um grande santo, ou algo além dos conceitos de sua própria religião, eles não mencionaram. Isso nem é importante. Um Avatar, chamado por qualquer outro nome, será igualmente doce e inspirador.

Parsismo: a religião de Zaratustra

Nas brumas de um passado longínquo, nasceu na Pérsia antiga, atualmente Irã, um grande profeta. Não se sabe a data de seu nascimento, mas evidências mostram que isso aconteceu mais de 600 anos antes de Cristo. Para os persas, o profeta era Zaratustra; para os gregos, Zoroastro. A religião formada a partir de seus ensinamentos é chamada zoroastrismo, mas na Índia é conhecida como religião parse.

---

* Sir Edwin Arnold, *The Light of Asia* (Londres: Kegan Paul. Trench, Trubner, 1938).

Trata-se de uma religião verdadeiramente antiga que influenciou o desenvolvimento da fé hebraica e, consequentemente, o produto posterior, o cristianismo.

Como muitos fundadores de religiões mundiais, Zoroastro começou reformando as práticas religiosas que havia à sua volta — o culto politeísta de deuses-com-forma separados e frequentemente rivais. Zoroastro, como todos os outros grandes Professores espirituais, ensinou que existe apenas um Deus. Os nomes variam, mas Deus é Único. O nome que Zoroastro usava para designar o Uno era *Ahura Mazda*, que significa "Senhor da Vida e Criador da Matéria". Este Ser Supremo é desprovido de forma e não pode ser percebido através dos cinco sentidos. Ele deve ser vivenciado em nosso próprio Ser. E o caminho para essa experiência interior de Deus tem sete aspectos.

O primeiro é a compreensão de que a divina centelha espiritual encontra-se no interior. Isso é simbolizado pelo fogo que é mantido aceso nos templos zoroastrianos. Trata-se do símbolo mais importante dessa religião. Com ele, os zoroastristas cultuam o inerente Deus-sem-forma, que é o Guru no coração, e o Fogo Eterno que queima os detritos de todos os erros e ilumina as escuras esquinas da ignorância na mente humana. Portanto, assim como Swami ensina, o Deus interior foi visto por Zoroastro como o aspecto mais importante do caminho espiritual.

O segundo dos sete aspectos zoroastrianos, ou facetas, é chamado *Asha*, que pode ser igualado ao *Sathya-Dharma* de Sai, ou Verdade-na-Compreensão e Verdade-na-Ação. *Asha* é considerada a eterna Lei de Deus, envolvendo todas as virtudes baseadas na Verdade.

O terceiro é *Vohy-Mano*, que abrange a pura e adorável mente e o genuíno amor que se expande para toda forma de vida. Isto é o prema do Caminho Sai. O quarto aspecto do Caminho Parse é *Kshathra-Vairya*, que pode ser definido como o serviço inspirado no amor e na sabedoria e apoiado na retidão. Isto é *Dharma-Prema-Sathya*: ação reta baseada no amor, na verdade e na sabedoria.

Os três aspectos restantes são realmente presentes da Graça Divina que segue aquele que trilha o Caminho. Existe *Armaiti*, um nome que significa fé, paz e equanimidade. Aproxima-se do termo hindu Shanti. *Haurvatat*, ou a doçura da perfeição, e o último e culminante aspecto: *Ameretat*, o estado de completa bênção, ou *Ananda* (em sânscrito, alegria), que vem da libertação da alma da escravidão.

As escrituras zoroastrianas (conhecidas como *Zend Avestha*) instruem sobre uma vida futura, um julgamento final e a imortalidade da alma. Na última parte da escritura, encontra-se o conceito de um salvador humano-divino (um avatar) que virá para destruir o poder do mal e confirmar o Reino de Deus. Isto pode ter influenciado os judeus, que ficaram expostos à religião de Zoroastro durante o exílio na Babilônia, então sob o domínio medo-persa.

Por esse breve relato da essência do zoroastrismo, é possível perceber que essa religião está em harmonia com os conceitos de *Sanathana Dharma*, expostos por Baba. Em *The Vision of the Divine*,* escrito por um parse — um importante dentista em

---

* E. B. Fanibunda, *The Vision of the Divine* (Bombaim, Índia: Fanibunda, 1976).

Bombaim e devoto de Sai, há uma comparação mais detalhada dos ensinamentos de Swami com a religião zoroastriana.

A religião de Zaratustra manteve-se por milhares de anos na Pérsia antiga, combatendo a sempre presente tendência de retorno do politeísmo popular. Mas foi finalmente ultrapassada por outra forte religião monoteísta — o islamismo.

Perseguidos por muçulmanos fanáticos, muitos dos seguidores de Zaratustra fugiram para a Índia no século VIII d.C. Tornaram-se conhecidos como parses (provavelmente uma alteração de *Farsi,* que significa "persa" na língua persa). Atualmente, os parses, a maioria radicada em Bombaim, constituem o maior grupo de zoroastristas no mundo. Entretanto, no Irã e na Inglaterra ainda há alguns milhares que seguem os ensinamentos do antigo profeta persa.

Há menos de 250 mil zoroastristas no mundo atualmente. Isso porque só tem acesso à religião quem nasce numa família zoroastriana. Contudo, embora a quantidade de seguidores seja pequena agora, historicamente esta é uma das maiores religiões do mundo — um poste luminoso em nossa longa jornada até Deus.

A religião dos Judeus

Do ponto de vista religioso, os judeus de hoje dividem-se em três grupos: o ortodoxo, o liberal e o ateísta — este último, uma mistura de agnósticos e materialistas. É provável que os judeus que vão até Swami sejam liberais ou agnósticos investigando a verdade espiritual.

A história da religião judaica mostra que os judeus são pessoas conscientes de Deus, sempre em busca de compreensão espiritual. As escrituras, conhecidas como Antigo Testamento, revelam o desdobramento dessa investigação da natureza e do propósito da Deidade e nosso relacionamento com Ela. O conceito hebraico de Deus evoluiu da noção de uma deidade tribal (chamada Yahweh), venerada especialmente pelas tribos hebraicas, para a de um Deus único que criou o Universo e o transcendeu.

Enquanto no conceito anterior Deus apresentava características humanas como raiva, ciúme, vingança e proselitismo, no posterior Ele é um Deus de infinita santidade e majestade, a perfeição da bondade moral e da justiça. Os grandes profetas hebraicos, que sucederam, ao longo dos séculos, a distante figura de Moisés, foram os responsáveis pela evolução da compreensão da divindade.

Com o passar do tempo, o povo hebraico tendia ao politeísmo daqueles a seu redor. Como vimos, isso, na verdade, parece ser uma tendência normal entre as pessoas. Mantém-se ainda hoje. Embora elas prestem louvores ao Deus Uno, na prática a maioria realmente cultua bens materiais e o prazer — dinheiro, sucesso, fama, luxúria, álcool, esportes, sexo e outros. Uma sincera indagação nos revelaria quais são realmente nossos bens.

Os grandes profetas hebraicos conduziam o povo rapidamente de volta ao Deus Uno e a seu culto exclusivo. Pelo menos eles se empenhavam nisso. O culto a Yahweh demandava uma vida de conduta reta, com estrita prática da lei moral como revelada por Moisés e pelos profetas posteriores.

Quando um grande profeta morria (a maioria possuía um grau de divindade que lhes dotava de poderes miraculosos), os rabinos assumiam o comando. Eles se esforçavam para manter a verdadeira religião por meio de cultos ritualísticos, de festivais religiosos e de todos os ornamentos de um templo religioso formal. Desse modo, o culto a Yahweh tornava-se inevitavelmente étnico e popular, com práticas rígidas, desprovidas de inspiração espiritual e fervor.

Então, o coração do povo judeu novamente ansiava por um profeta que expressasse diretamente o chamado do Deus Uno. E um profeta emergia. Deste modo o "maná celeste" alimentava constantemente os judeus.

Mas, com o passar do tempo, os judeus começaram a buscar o Redentor, que era mais que um profeta, um a quem chamavam de Messias. Além de sabedoria divina, Ele teria o poder de libertar os judeus da perseguição com a qual, historicamente, eles pareciam frequentemente se deparar. A expectativa pela vinda do Messias tornou-se muito forte na época em que os judeus se atribulavam com a ocupação romana.

Quando Jesus, o Nazareno, mostrou-se durante esse período, alguns judeus acreditaram que ele fosse o esperado Messias, mas a maioria não o considerou como tal, e ainda hoje não aceita como seu Messias a pessoa que foi crucificada.

Os judeus ainda têm sua religião popular, e muitos ainda estão procurando por significados espirituais mais profundos — pelo menos, alguns judeus que encontrei em torno de Baba acreditam que ele seja um Avatar, o que pode ser equiparado ao conceito de Messias.

O ponto de vista dos devotos judeus de Sai está indicado em um relato oferecido a mim por Ian Abrahams, um jovem judeu, engenheiro civil, que vive na Austrália. Ele descreveu alguns eventos que aconteceram após a Conferência Mundial de Sai Baba e da Celebração de Aniversário na Índia, em 1980, e a reação dos judeus a esses eventos.

Em 1º de dezembro daquele ano, Swami chamou os judeus presentes (cerca de trinta) para um encontro em Brindavan, Whitefield. Ian Abrahams, com mais uma ou duas pessoas, tomou nota da reunião, e todos juntos compilaram o relato.

Parece que Swami tentou conduzir o grupo para a compreensão de sua própria religião, revelando sua essência e uniformidade com as verdades eternas de todas as religiões. Comparando a Bíblia, os *Vedas*, o Alcorão e outras escrituras, ele disse que a linguagem podia ser diferente, o lugar e o tempo de origem podiam ser diferentes, mas o significado era o mesmo. Contudo, como os ensinamentos originais sofreram muitas mudanças ao longo dos anos, é preciso se aprofundar neles para descobrir seu verdadeiro significado.

Uma pessoa perguntou a Baba o que ele achava de os judeus terem sido chamados de "povo escolhido" na Bíblia. A resposta foi que, visto que o ser humano foi criado por Deus, qualquer um é o povo escolhido de Deus.

— Por que os judeus sempre foram perseguidos? — perguntou alguém.

— Esta é a sua percepção — respondeu Swami. — É preciso examinar a situação de outro ângulo. — Ele também disse que não vemos uma razão para o que acontece na vida, mas Deus tem sempre um motivo, e aquilo que Ele faz é para o subsequente bem das pessoas.

Swami disse ao grupo que seguisse a própria religião, mas com maior compreensão. E que seguissem suas boas tradições e códigos de conduta com amor, mas que também amassem as tradições religiosas das outras pessoas. Ressaltou que a tolerância é uma qualidade de todos os verdadeiros devotos de Sai, uma vez que eles veem a verdade em todas as religiões.

No fim do encontro, os judeus perguntaram a Baba se o Chanuca (festa da Luzes) poderia ser celebrado em Brindavan, dali a dois dias. Swami concordou e disse que o Chanuca seria celebrado na Árvore Sai Ram de Darshan para que tanto judeus quanto não judeus pudessem participar.

"Na noite do Chanuca", escreve Ian Abrahams, "o Menorá (candelabro com nove braços) foi acendido pelo próprio Swami, e as tradicionais orações hebraicas foram cantadas em sua presença.

"O ritual foi simples e bonito. Havia uma qualidade especial no *darshan* que Swami ofereceu a todos os presentes. Um grande número de não judeus, tanto ocidentais quanto indianos, derramou lágrimas de alegria durante a cerimônia."

Como o Chanuca tem oito dias de duração, os devotos judeus reuniam-se na universidade, em Whitefield, com as bênçãos de Swami. Eles cantavam músicas religiosas judaicas, acendiam mais velas de Chanuca e falavam do judaísmo e de sua relação com os ensinamentos de Swami.

"Durante esses poucos dias", escreve Ian, "especialmente durante a cerimônia de Chanuca com Swami, todos nós sentimos que estávamos praticando a exata essência do judaísmo.

"Eu achava que a forma popular do judaísmo não era pura. Entretanto, percebi que era bastante seguro seguir os ensinamentos de Swami e me empenhar em direção à perfeição. Na verdade, ter Swami, agora, como exemplo vívido, e ser guiado e incentivado por ele, enquanto está imerso na natureza humana, é uma grande oportunidade".

Há muitos caminhos que levam a Deus. Como as pessoas são diferentes em temperamento, nível espiritual e formação cultural, os diferentes caminhos são necessários. A prática global de apenas uma religião é realmente inviável.

Contudo, segundo os ensinamentos de Swami, em cada religião formal há uma religião básica, que ele chama de "religião do amor" ou "religião do coração". Ela vem diretamente do coração espiritual dos grandes Professores — são essas mensagens que estabelecem o fundamento das religiões. Embora essas mensagens apresentem variação em seu estilo e ênfase, o fato é que a essência de tudo é o vínculo de amor de Deus com a humanidade e, portanto, com todas as pessoas. Swami nos exorta a perceber o Vínculo de Amor que une tudo durante a prática de nossa religião. É nisso que reside a esperança da humanidade.

Mas ainda existe esperança. Enquanto não há uma religião formal que seja adequada a todos, há uma religião apropriada àqueles que se consideram cidadãos do mundo. Ela transcende todas as barreiras de nacionalidade, raça e cor; baseia-se no amplo conceito de "casta da humanidade", como Swami a chama.

Essa religião não se opõe à racionalidade (como algumas). Mas é necessariamente suprarracional, já que seus seguidores têm de lidar com conceitos que ultrapassam o alcance da mente racional. Os princípios da religião são basicamente aqueles do Vedanta. Mas apenas a filosofia Vedanta,* ainda que racional e

---

* A filosofia Vedanta basicamente ensina que este mundo, como o vemos, é irreal, uma ilusão, e que a única realidade é o Absoluto, o Brahma — sem forma, uno e indivisível. Aquele que nunca nasceu e nunca morrerá, o Ser que é, sempre foi e jamais deixará de existir. O Atma — isto é, o Eu real — é o próprio Brahma. (*N. do R.T.*)

suprarracional, não alcançaria o coração, nem mesmo dos cidadãos mais liberais.

Para transformar uma filosofia em religião, o coração tem de ser tocado profundamente — e isto só pode ser alcançado, em uma escala ampla, por uma viva Personificação do Amor, por um Ser que se dedica inteiramente a promover o bem para a humanidade e tem sabedoria para discernir o que é o bem. Acredito que tal Ser se apresenta, atualmente, como Sathya Sai Baba.

CAPÍTULO 13

Sai Baba e a teosofia

Minha esposa e eu fomos membros da Sociedade Teosófica por alguns anos antes de conhecermos Sri Sathya Sai Baba. Após um curso realizado na sede da Sociedade em 1964-65, começamos a investigar as doutrinas que ainda estavam sendo transmitidas na moderna e independente Índia. Para nós, essa jornada não parecia ser incompatível com os preceitos da Sociedade Teosófica.

Na abertura da Sociedade Teosófica, em 1875, um de seus fundadores, coronel H. S. Olcott, disse: "Se compreendo o espírito dessa Sociedade, ela se dedica ao intrépido e consciente estudo da verdade [...]. Somos simples investigadores com um sério propósito em mente, e sem preconceitos, que estudam tudo experimentam tudo e se seguram firmemente ao que é bom [...]. Somos estudantes, não professores."

Entretanto, em 1965, parecia que algo havia acontecido àquele refinado espírito de livre investigação. Certos oficiais da sede não aprovaram nossa proposta de expedição religiosa pelos pouco frequentados caminhos da Índia sagrada. Um deles chegou até mesmo a nos advertir: "Não há necessidade de olharmos para fora dessa sede. Todo o conhecimento que você pode encontrar está aqui nos livros."

Um estranho comentário, vindo de alguém que devia conhecer o importante princípio do caminho espiritual — de que os livros não contêm todo o conhecimento e a verdade.

Contudo, libertos da antiquada antiteosofia, demos início a nosso fascinante safári. Tínhamos uma longa lista de *ashrams*, fornecida por um buscador indiano que fora nosso companheiro de estudo no curso teosófico. Ele mesmo visitara alguns dos lugares assinalados em sua lista. Os *ashrams* estavam espalhados por toda a Índia, muitos em lugares remotos. Então, com nossos sacos de dormir nas costas, viajamos em trens a vapor, em ônibus sem segurança e em vários tipos de veículos puxados a cavalo através da maravilhosa terra de Bharat, criada tanto por sua imemorial doutrina espiritual quanto pelas forças geográficas e históricas.

Ficamos em alguns dos mais conhecidos centros de estudo espiritual — como o *ashram* de Ramana Maharshi, ao pé da sagrada Arunachala; o *ashram* de Sri Aurobindo, em Pondicherry; e o Sivananda Nagar, em Rishikesh, no Ganges —, em algumas colônias Radhasoami e em alguns centros menos conhecidos. No monte Himalaia, conversamos com *sadhus*, *swamis*, gurus e líderes de movimentos espirituais. Um ou dois deles até se ofereceram para nos iniciar, mas, embora parecessem homens admiráveis, empenhados em viver e ensinar a vida espiritual, não sentimos que o caminho deles fosse o certo para nós. Nenhum deles tinha o indescritível carisma divino que faz soar o sino dentro do coração.

Quando ouvimos sobre Sai Baba de Shirdi, o sino tocou. Mesmo assim, quando sua encarnação posterior, Sathya Sai

Baba, entrou em nossa vida, passamos algum tempo "estudando tudo e experimentando tudo", segundo a verdadeira tradição teosófica. Finalmente, por algum processo interior que não pode ser analisado, encontramos "o que é bom" e nos agarramos com firmeza a isso.

Logo descobrimos que o Caminho Sai não era incompatível com os objetivos estabelecidos pela Sociedade Teosófica nem com as doutrinas básicas e os princípios propostos por sua cofundadora, madame H. P. Blavatsky, em seu *magnum opus*, *A doutrina secreta*, e outros trabalhos. Sai Baba, ao contrário, aumenta a compreensão dessas doutrinas, demonstra-as e transforma-as em realidades vivas.

Os objetivos da Sociedade Teosófica são: 1) constituir um núcleo da Fraternidade Universal da Humanidade, sem distinção de raça, credo, sexo, casta ou cor; 2) estimular o estudo comparativo de religião, filosofia e ciência; 3) investigar as leis da natureza e dos poderes latentes da humanidade.

Quem conhece os discursos e a vida de Swami — e ninguém deveria julgá-lo, ou a seus ensinamentos, sem conhecê-lo — sabe muito bem que a fraternidade da humanidade é um dos princípios centrais de seus ensinamentos. Além de propor a profunda verdade dessa fraternidade — como os teosofistas —, ele demonstra isso em suas ações.

Pessoas de nacionalidade, credo, casta e cor variados vão a ele todos os dias — um fluxo contínuo delas. Ele as recebe, as abençoa e as envolve em seu Amor Divino, auxiliando-as sabiamente. Por sua influência e por seu exemplo, a diversa mistura de raça, credo e cor à sua volta começa a se amar mutuamente como membros da Família Sai. Assim nasce um núcleo da fraternidade universal, com o Amor Divino solvendo todas as diferenças e unindo a grande diversidade de indivíduos.

Baba ensina que a fraternidade sentida no coração deve encontrar expressão na ação. Ele encoraja e inspira seus seguidores a prestarem serviços regulares a seus semelhantes por meio de obras beneficentes e de serviço social. Ele os orienta a procurar as áreas mais necessitadas em suas próprias comunidades. A contribuição deles pode se estender, por exemplo, aos hospitais, aos mais carentes, à melhoria da limpeza urbana, ou a algum tipo de educação especial, como treinar pessoas para executar trabalhos úteis à sociedade.

Seja qual for a necessidade imediata, é o trabalho Sai que tem de ser feito. O mais importante é que ele deve ser realizado sem anseio por recompensa e sem exibição egoica ou ostentação — puramente por amor a Deus e à humanidade. O serviço social de Sai tornou-se ativo por toda a Índia, e vem se desenvolvendo em outras partes do mundo.

Eu vi essa fraternidade em ação quando participei do Curso de Verão Sri Sathya Sai sobre Cultura e Espiritualidade, em 1979. As manhãs eram dedicadas à leitura, enquanto à tarde os estudantes — milhares de jovens — aprendiam sobre fraternidade praticando. Eles saíam toda tarde — inclusive nas tardes mais quentes — para se dedicar ao que era mais necessário nas imediações do colégio, em Brindavan, Whitefield.

Nada era inferior ou difícil para as mãos deles. Frequentemente faziam o trabalho que há muito tempo fora considerado próprio dos párias. A Índia foi — e ainda é em um nível reduzido — presa a um sistema de castas. Mas a fraternidade deve transcender isso. "Existe apenas uma casta", Swami diz, "a casta da humanidade".

Como exemplo de trabalho social em ação, os grupos de universitários, que participavam do curso, limpavam o lixo e a imundície das ruas e dos bueiros da aldeia acumulados lá sabe Deus desde quando. Certamente um trabalho sujo para estudantes vestidos com as imaculadas roupas brancas que se tornaram o uniforme informal dos alunos Sai. No entardecer, os chuveiros dos albergues ficavam sempre ocupados, e os *dhobes* (lavadeiros) faziam boas negociações. Mesmo assim, os estudantes Sai pareciam gostar desse trabalho, que trazia a limpeza para próximo da santidade e mostrava aos aldeões o significado de higiene comunitária.

Quando os centros cardíacos se abrem, a fraternidade surge espontaneamente. Um idoso teosofista, que também se tornou devoto de Sai Baba, comentou, com alguma admiração: "Não posso deixar de notar que os devotos de Sai estão sempre prontos a ajudar uns aos outros. É maravilhoso observar a fraternização."

Quanto ao segundo objetivo da Sociedade Teosófica, vimos em capítulos anteriores que Swami estimula o estudo comparativo das religiões e ensina a mesma verdade transmitida pela teosofia: em essência, todas as religiões são uma só. Madame Blavatsky referiu-se a essa verdade em *A doutrina secreta:* "A filosofia esotérica concilia todas as religiões, despe-as de seus trajes externos e mostra que a essência de cada uma é idêntica à de todas as outras grandes religiões."[*]

Incrustado nas grandes filosofias religiosas que residem dentro das bases das civilizações mundiais, está o conceito do "Um em muitos", e o de "muitos emanando do Um". Como Baba relata, existe apenas Um Deus, embora ele tenha muitos Nomes. Ma-

---

[*] Madame H. P. Blavastsky, *A doutrina secreta.*

dame Blavatsky, escrevendo sobre os muitos nomes e aspectos do Uno, diz que na Índia eles vão "de *Brahma Purusha*, passando pelos *Sete Rishis* Divinos e dez semidivinos *Prajapatis* (também *rishis*), a humano-divino *Avatar*", e "o mesmo enigmático problema do 'Um em muitos', e da abundância no Uno, é encontrado em outros panteões — no egípcio, no grego e no caldeu-judaico".*

As posições da teosofia e de Baba sobre a ciência assemelham-se. Entre os seguidores de Baba, encontram-se os principais representantes dos vários ramos da ciência moderna. Mas ele certamente acha graça dos distintos cientistas que pensam que a única chave para o conhecimento verdadeiro se encontra no método deles. A ciência pode, por seus métodos, ter apenas um limitado — embora importante — papel na aquisição do conhecimento que leva à sabedoria. Mas os cientistas devem ser humildes ao encarar o vasto oceano do Desconhecido — como é de fato o maior deles.

Na busca do conhecimento por meio da ciência comparativa, realizam-se seminários em Adyar, na sede da Sociedade Teosófica, frequentados por alguns dos mais importantes cientistas e que são seguidores de Sai Baba.

Tanto os teosofistas quanto Baba afirmam que, fora dos limites da metodologia científica moderna, existe um conhecimento oculto ou esotérico que pode ser testado e vivenciado por outros métodos válidos.

O terceiro objetivo da Sociedade é o estudo das inexplicáveis leis da natureza e dos poderes latentes nos seres humanos.

---

* Madame H. P. Blavatsky, *A doutrina secreta*.

Algumas dessas leis e poderes estão começando gradativamente a ser considerados pela ciência moderna, mas a maioria está além, no campo da ciência esotérica ou metaciência. Muitos deles podem não se render aos estatísticos e experimentais procedimentos da ciência moderna.

Um caminho — e talvez o único — para a compreensão dessas leis é o ioga, no mais amplo sentido do termo. O coronel Olcott compreendeu isso e afirmou que alguns membros da recém-formada Sociedade Teosófica ainda suspeitavam de que a obtenção do conhecimento esotérico, então o principal objetivo da organização, exigisse mais sacrifício do que a obtenção de qualquer outro ramo do conhecimento. Considera-se que, de fato, ele disse: "Uma vida da mais estrita pureza e renúncia, tal qual a de Jesus ou Apolônio, é exigida."

Sai Baba nasceu com inexplicáveis poderes e com a natureza da pureza e da renúncia que os acompanha e os sustenta. Tais poderes divinos estão em todas as pessoas, potencialmente. Aqueles que vivem, de fato, uma vidaióguica com o tempo elevam a consciência, despertando e compreendendo esses poderes. O conhecimento, além de ser o fruto do esforço, é também — e mais ainda — do Ser. Até que a qualidade do Ser espiritual desenvolva-se, as verdades subjacentes aos maiores poderes latentes na humanidade não serão compreendidas.

Antes de encontrar Sai Baba, aprendi sobre a existência dos poderes iogues, na teoria. Mas ninguém aceita inteiramente uma teoria até que ela seja demonstrada na prática. Com ele, percebi que os poderes supranormais não são meras especulações filosóficas, mas uma realidade.

Para compreender o amplo movimento teosófico, que se iniciou no último trimestre do século XIX, é necessário conhecer as esperanças e aspirações que cercaram sua criação. Por meio de pesquisas e da biografia dos dois fundadores, madame Blavatsky e o coronel da Guerra Civil Americana, H. S. Olcott, obtive alguns insights interessantes da situação, com as personalidades e os objetivos envolvidos.*

Por trás dos dois fundadores, havia alguns Adeptos da Grande Fraternidade Branca, mais especialmente o alto e majestoso príncipe de Rajput, conhecido como Mestre Morya, e o Mestre de Caxemira, Koot Hoomi Lal Singh, educado em universidades europeias. Na época, ambos viviam no sul do Tibete, mas viajavam muito, às vezes utilizando o corpo físico, em outras, o corpo sutil, que a parapsicologia moderna chama de viagem consciente fora do corpo.

Em uma carta escrita em 1872 a um dirigente teosofista, Mestre Morya expressa a razão de o movimento teosófico se haver iniciado: "Um ou dois de nós esperavam que o mundo avançasse intelectual e intuitivamente, a fim de que a Doutrina Oculta adquirisse aceitação intelectual e o impulso para um novo ciclo de pesquisa Oculta fosse dado."**

A essência do que o Mestre chama de "doutrina oculta" é basicamente a essência do Vedanta, ensinado pelos *rishis* nos *Upanishads* dos *Vedas*. O objetivo dos Mestres era levar essa ou-

---

* Howard Murphet, *Quando chega a clareza: biografia de Helena Petrovna Blavatsky e Machado na montanha: vida de Henry Steel Olcott, 1832 — 1907.*
** Esta carta está em "Cartas de Mahatma", uma coleção mantida no Museu Britânico, em Londres.

trora cuidadosamente guardada doutrina a uma ampla audiência, tanto no Oriente quanto no Ocidente. Eles escolheram dois de seus "representantes", Blavatsky e Olcott, e levou-os para a América. Em Nova York, durante a década de 1870, o casal reuniu em torno de si um grupo de pessoas interessadas em pesquisa oculta. Foi um forte desejo de descobrir os poderes escondidos na humanidade e na natureza que formou o verdadeiro fundamento da Sociedade.

Entretanto, os Mestres sabiam, como todos os grandes professores, que a fraternidade e o amor da humanidade deviam se manifestar antes do desenvolvimento dos poderes ocultos, senão os poderes certamente seriam mal empregados. Então, a fraternidade substituiu a pesquisa do oculto do principal objetivo da Sociedade.

A doutrina oculta básica encontra-se em certas propostas fundamentais nas primeiras páginas de *A doutrina secreta*.* Um estudo dessas páginas mostrará que elas são, em essência, iguais à Filosofia Perene** encontrada na estrutura de todos os escritos místicos e do Vedanta.*** Os princípios dessa doutrina oculta estão sendo ensinados abertamente por Sai Baba para as multidões que vão até ele.

Fora os vastos princípios do ocultismo, nenhuma outra doutrina ou qualquer dogma era aceito pelos teosofistas. Na busca de um termo para designar a recém-formada Sociedade, e examinando os paralelos históricos, Olcott reviu o trabalho dos

---

* Ver Apêndice A neste volume.
** Ver Apêndice B neste volume.
*** Ver Apêndice C neste volume.

neoplatonistas, dos estoicos, dos hermetistas e de outros. Mas o novo grupo era diferente de qualquer outro. "Em alguns aspectos, parecemos com os hermetistas da Idade Média", disse ele. "Só que eles tinham dogmas, e nós, sob nossos regulamentos, não temos... Nós somos investigadores." Para ele, a Sociedade devia manter-se eclética e estar sempre preparada para investigar todos os assuntos.

Finalmente, o grupo escolheu "teosofia", que significa Sabedoria Divina. Seu propósito era uma implacável busca da Sabedoria Divina, onde quer que estivesse. Um verdadeiro teosofista sabe que essa busca é contínua, pois a Verdade situa-se na base da fonte. Não importa quanto de suas refrescantes águas brotem na superfície, abaixo delas haverá sempre mais.

Se certas crenças e convicções chegam aos teosofistas pela infinita busca do conhecimento, eles não deveriam tentar impor essas crenças a outros membros. Essa liberdade de pensamento só foi reeditada recentemente em uma declaração do Conselho Geral da Sociedade: "Nenhum professor ou escritor, de H. P. Blavatsky em diante, tem autoridade para impor seus ensinamentos ou suas opiniões a outros membros. Cada membro tem o direito de se ligar a qualquer escola de pensamento que desejar, mas não tem direito de impor sua escolha a ninguém."

Além disso, em suas tentativas de trazer um feixe de luz espiritual ao mundo, os Adeptos deram a entender que a Sociedade Teosófica não era o único centro de transmissão da Luz. Em 3 de março de 1882, Mestre Morya escreveu, em uma carta para o Sr. Percy Sinnett, editor do jornal *Pioneer* na Índia: "O sol da teosofia deve brilhar para todos, e não somente para uma parte.

Existem mais movimentos desse tipo do que você imagina, e o trabalho da S.T. (Sociedade Teosófica) está ligado a trabalhos similares que estão se desenvolvendo secretamente em todos os cantos do mundo."[*]

Os precursores da Sociedade Teosófica estavam cientes disso. A Dra. Annie Besant, que sucedeu o coronel Olcott na presidência da sociedade em 1907, escreveu: "Muitos Mestres ajudam várias Sociedades, pois em todas as partes Eles buscam canais para a efusão de Suas Vidas no mundo." Ainda assim, infelizmente, alguns membros agem hoje como se a Sociedade Teosófica fosse o único canal que os Mestres usam, ou usariam, para trazer Sabedoria ao mundo. Contudo, tal limitada e proibitiva atitude provavelmente conduz os Grandes Seres a canais mais humildes, simples e puros.

O Caminho usado pelos Adeptos para conduzir seus discípulos baseia-se no relacionamento *guru-shishya* (mestre-discípulo), geralmente chamado de *Guru Marga*. Mestre Morya foi o guru de H. P. Blavatsky e de H. S. Olcott. Eles se referiam frequentemente a ele como tal, e os pedidos do Mestre eram seus comandos. De fato, desde o dia em que ela o encontrou pela primeira vez no Hyde Park, em Londres, o guru de madame Blavatsky tornou-se a principal força motivadora em sua vida.

Outros importantes teosofistas também seguiram o caminho de completa devoção ao guru. T. Subba Row, por exemplo, um hindu da casta alta e um ocultista muito admirado pelos dois fundadores, também tinha o Mestre Morya como guru.

---

[*] Mestre Morya em *Cartas de Mahatma*. Para A. P. Sinnett, dos Mahatmas M. K. H., transcrita e compilada, com uma introdução de A. T. Barker.

Outro brâmane, e o primeiro Secretário de Atas da Sociedade, Damodar K. Mavalankar, era um devoto tão ardente do *Guru Marga* que deixou a Índia para ir viver aos pés de seu guru, Mestre Koot Hoomi Lal Singh, no Tibete.

Com a morte desses teosofistas, e com a perda do contato físico inicial com os Mestres, a atitude de muitos membros mudou. Eles passaram a negar o valor do *Guru Marga,* a lançar olhares desaprovadores a qualquer membro interessado em um guru e proclamar dogmaticamente que não é necessário ter um guru. Afirmam que a única instrução necessária é aquela que se encontra nos livros e no interior da própria pessoa.

É verdade que, se você estiver em contato e se permitir ser completamente guiado pelo Deus interior, não necessitará de nenhum outro guru. Entretanto, como muitos dos grandes Mentores da humanidade declararam, os aspirantes precisam estar bem avançados no caminho espiritual para fazer e manter este contato interior. Até agora, é mais fácil ser guiado por um real guru exterior, que eventualmente levará os aspirantes ao Guru interior deles. Então será descoberto que os dois são na realidade um, que o amável guia exterior é, de alguma inexplicável e maravilhosa maneira, uma projeção do Guia interior.

Sai Baba ensina isso, e também adverte que existem muito poucos gurus genuínos disponíveis atualmente. Embora você possa encontrar professores que forneçam muitos direcionamentos espirituais de valor (eu próprio encontrei alguns), não é fácil encontrar um *Samartha Sadguru* capaz de guiá-lo até o fim da jornada.

Então cabe aos aspirantes fazerem algo por si próprios, na forma de estudos, meditação e empenho rumo a uma pura vida espiritual. Eles devem se preparar para o inesperado momento em que, como o noivo na história bíblica, o Sadguru subitamente aparecer.

A glória e o poder do guru estão além do que os olhos podem alcançar e do que as palavras podem expressar. Ao compreender essa verdade, madame Blavatsky formou um grupo de seguidores que estavam dispostos e ansiosos para colocar em prática a ciência espiritual. Guiada por seu guru, ela instruiu o grupo no caminho que conduz à vida divina.

Entre outras coisas, Blavatsky ensinou a eles que deviam se empenhar sempre para manter a mente aberta, o coração puro, as percepções espirituais descontaminadas e a verdadeira fraternidade para com todos. Enquanto resistiam bravamente a todo tipo de injustiça pessoal, eles deviam defender qualquer um que fosse injustamente atacado. O ideal a que deviam constantemente aspirar era o progresso humano rumo àquela perfeição que chamamos de divina.

O caminho ao longo do qual Blavatsky guiou seus estudantes é chamado de ocultismo, embora ela tenha ressaltado que esse caminho não tinha a ver com as demais artes ocultas, ou com o psiquismo. Em geral, o alto ocultismo é composto de *jnana** (ioga do conhecimento), mais as disciplinas da Raja Yoga — como o controle da mente pela concentração e meditação — e o ter uma vida pura. Essa pureza de vida incluía abstinência de carne, álcool, tabaco ou outras drogas, e de relações sexuais impuras — a promiscuidade e, em circunstâncias normais, a indulgência para com o sexo extraconjugal. Interiormente, a vida

---

Jnana Yoga é o mesmo que Vedanta. (*N. do R.T.*)

pura coibia julgamento alheio, conversas fúteis, difamação e todas as atividades concernentes ao ego inferior.

Isso é certamente a receita da vida sagrada. Seus ingredientes são mais antigos do que o Sermão da Montanha. Contudo, por mais antiga que essa receita seja, poucas pessoas conseguiram suportar o calor da cozinha por tempo suficiente para assar o bolo espiritual. A vida espiritual nunca pretendeu ser fácil. "Tentar", entretanto, era a ideia básica de Blavatsky.

Tudo isso se assemelha aos ensinamentos Sai: ele também ensina as leis e regras para se viver uma vida espiritual. Ele também enfatiza que a prática é mais importante do que a teoria.

Eis uma diferença entre Blavatsky e Baba: Blavatsky, pelas condições de sua época e pelas críticas cruéis que sofria por parte de um público ignorante, organizou um grupo restrito, privado. Desse modo, ela protegeu, até certo ponto, as pérolas do ensinamento oculto — e a si própria — dos cães ferozes que latiam à sua volta.

Sai Baba, como todos os grandes Avatares, ignora os cães selvagens e oferece as pérolas da sabedoria e da prática espiritual a todos. Aqueles que estiverem prontos as receberão. É certo que atualmente, como naquela época, também existem cães raivosos que consideram as pérolas um insulto, ou uma ameaça, e estão prontos a "se voltar contra o Mestre" — como fizeram com Jesus e com outros no passado. O latido deles ainda ressoa hoje — mas temos esperança em um mundo mais iluminado e menos fanático.

O estudo da teosofia certamente nos ajudou — a mim e à minha esposa — a entender Sai Baba. Em contrapartida, reconhecer que Sai Baba é o epítome dos nobres objetivos do movimento teo-

sófico, ouvi-lo expor seus ensinamentos de forma nova e vital e
testemunhar sua vida, tudo isso nos levou a compreender e apre-
ciar a essência da teosofia bem mais do que considerávamos.

Além das analogias e correlações apresentadas, Sai Baba
acrescenta algo de inestimável valor. Traz de volta aquilo que o
movimento teosófico, como um todo, perdeu — a dimensão da
devoção e do amor. Não há dúvida de que os dois fundadores e
alguns membros da Sociedade tinham essa perspectiva mais
ampla. Os Mestres procuravam instilar isso. Ao escrever para
um membro da Sociedade, o Mestre K. H., por exemplo, disse
que desejava chamar a atenção para a real necessidade da "doutrina do coração", comparando-a com aquilo que era meramente "visão mental". "Os sofrimentos morais e espirituais do mundo", continuou, "são mais importantes e precisam de auxílio e
de cura, mais do que a ciência necessita de nossa colaboração
em qualquer campo de atuação".*

O amor e a devoção não podem ser ensinados em palestras,
por mais penetrantes e profundas que elas sejam. Eles têm de
ser inspirados pelo Uno, que tem o poder de livrar "nosso celei-
ro das chamas" e que, por sua presença no mundo, pode manter
a chama do Amor acesa no coração das pessoas. Sem isso, o que
se inicia como uma doutrina do coração logo se torna a fria e
seca doutrina da mente. Sai Baba acrescenta aos altos ideais e
ensinamentos da teosofia o ardor de um amor divino que des-
congela o coração e ilumina as escuras esquinas da mente.

Contudo, ainda assim, o aspirante tem participação ativa
nesse processo. Isso porque, embora o Amor não possa ser cria-

---

* Ver *Cartas de Mahatma*.

do por um ato de vontade, pode ser encorajado e desenvolvido intencionalmente e pelo esforço individual. Nas palavras de São Francisco de Sales, Bispo de Genebra: "Você aprende a falar, falando; a estudar, estudando; a correr, correndo; a trabalhar, trabalhando. Assim, você aprende a amar a Deus e ao homem, amando [...]. Se você quer amar a Deus, siga amando-O mais e mais. Comece como um mero aprendiz, e o legítimo poder do amor irá transformá-lo em um mestre na arte."*

---

* São Francisco de Sales, como citado em *Misticismo*, de H. C. Happold.

CAPÍTULO 14

O mistério divino

Muitas pessoas pensam que a primeira vez que Swami anunciou sua vinda como um Avatar foi na Conferência Mundial em Bombaim, em 1968. Essa pode ter sido a primeira vez em que os estrangeiros ouviram tal declaração, mas Baba já vinha revelando sua identidade a seus seguidores na Índia havia algum tempo. Em seu primeiro discurso público, que se encontra em *Sathya Sai Fala*, volume 1, ele diz: "Este 'discurso' é uma nova experiência para vocês, mas... não para mim. Já aconselhei grandes multidões, se bem que não nesta Aparência. Sempre que *Nirakara* (Deus-sem-forma) se torna *Sakara* (Deus-com-forma), Ele tem de completar a Missão, e Ele faz isso utilizando-se de várias formas. Mas o propósito da reeducação do Homem persiste, qualquer que seja a *yuga*, ou a era."*

Ele seguiu repetindo o que já dissera anteriormente a seus seguidores — que, durante os primeiros 32 anos de sua vida, *lilas* e *mahimas* (milagres divertidos e sérios) iriam predominar a fim de

---

* Sai Baba, *Sathya Sai Fala*, vol. 1.

trazer alegria a esta geração. "Após o 32º ano, vocês me verão cada vez mais ativo na tarefa do *upadesha*, ou orientando a transviada humanidade e dirigindo o mundo ao longo do caminho de *Sathya, Dharma, Shanti* e *Prema*. Minha intenção não é excluir a *lila* e a *mahima* de minhas atividades. Quero apenas dizer que restabelecer o *Dharma*, corrigir a falsidade da mente humana e guiar a humanidade de volta ao *Sanathana Dharma* (Verdades Eternas) serão minhas principais tarefas a partir deste momento."

Baba disse isso em 1953, quando tinha apenas 27 anos, e já se tornou parte do passado. Agora, ele está concentrando a atenção na reeducação dos seres humanos. Os divertidos e os compassivos milagres que comoviam a alma não são mais predominantes, mas não estão excluídos de suas atividades.

Em ocasiões especiais, ele por vezes torna a enfatizar as *lilas*, e faz o coração dos que estão à sua volta cantar de alegria (como antigamente). Ao me escrever sobre uma viagem de férias na qual Swami levou alguns assistentes para a Caxemira, em 1980, T. Nityananda Menon (um dos assistentes) diz: "Durante a viagem foi fascinante ver Bhagavan realizando novamente tantos milagres — tirar qualquer fruta que quiséssemos de uma macieira, criar uma variedade de objetos saídos da areia, transformar um botão de rosa em um anel para um oficial militar, encher a mão de neve e transformá-la em medalhões para distribuir entre os soldados etc."

Em seu discurso, durante o grande festival de Shiva,* em 1955, Baba disse: "Este Avatar não escolherá outro lugar que

---

* O grande festival de Shiva (Mahashivarathri) ocorre uma vez por ano e é considerado um dia especialmente propício a práticas espirituais. (*N. do R.T.*)

não seja o lugar no qual o Nascimento ocorreu para ser o centro de Suas *lilas, mahimas* e *upadesha*. Esta árvore não será transplantada; ela crescerá onde surgiu da terra pela primeira vez... Outra peculiaridade é: ao contrário das aparições como Rama, Krishna etc., quando a vida transcorria principalmente em torno dos membros da família, este Avatar volta-se para os *bhaktas*, os aspirantes, os *sadhus* (ascéticos, homens santos) e os *sadhakas* (buscadores espirituais)... Ele não conhece culto algum; Ele não reza por nada, pois Ele é o Altíssimo. Ele apenas ensina a cultuar e a rezar."

O centro da "árvore" do Avatar ainda está onde se ergueu da terra pela primeira vez, mas seus ramos estão se espalhando por todo o mundo, e os aspirantes de todos os lugares estão compartilhando seus frutos.

Jesus rezou ao "Pai"; Shirdi Baba rezou ao Uno que ele chamava de "Grande Faquir" ou "Alá". Mas ninguém, que eu saiba, jamais viu Sai Baba rezar. Nessa encarnação, o Avatar não tem consciência de dualidade. Ele está inteiramente identificado com Brahman, o Uno.

Em um discurso em Prasanthi Nilayam em 1960, Swami deu uma pista dos sinais de um Avatar. Sete desses sinais são: "Esplendor, prosperidade, sabedoria, desapego, criação, preservação e destruição — as infalíveis características dos Avatares do *Mahashakti* (Grande Poder, ou seja, Deus)."[*]

Mesmo quando o Divino se modifica para tomar um corpo, quando Ele assume uma Aparência humana, essas sete características persistem e são percebidas por aqueles que têm "olhos

---

[*] Sai Baba, *Sathya Sai Fala*, vol. 1. Ver a última seção deste volume.

para ver". Onde quer que esses sinais se encontrem, Swami conclui: "Você pode identificar (a) Divindade."

Ao passar um tempo com Baba, muitos — inclusive eu — conseguem vislumbrar essas qualidades cósmicas sob a capa de *maya* (mundo ilusório). Nós vemos o brilhante esplendor de sua presença e de todas as suas ações. Nós vemos a incontestável e inesgotável prosperidade em seu trabalho e em sua missão. Depois de um tempo, ou logo de início, despertamos para essa profunda e previdente sabedoria e percebemos seu desapego a todas as efêmeras coisas mundanas. Em suas milagrosas materializações testemunhamos símbolos de criação divina, e nossas experiências revelam que Baba está constantemente criando condições benéficas (tanto espirituais quanto temporais) para seus devotos, preservando o que é bom para eles e destruindo as influências maléficas, as más condições e os padrões ultrapassados e obsoletos.

Algumas pessoas perguntam: "Se Baba tem onipotência divina, por que não elimina o sofrimento e a pobreza do mundo?" Às vezes, Baba responde contando a história de Vidura, que fez ao Senhor Krishna uma pergunta desse tipo.

Vidura: — Por que você tomou parte na matança de centenas de milhares de soldados na batalha de Kurukshetra? Você poderia ter evitado a terrível matança simplesmente mudando a atitude mental dos principais participantes.

Krishna: — Meu querido amigo, eu dei a todos um conjunto de qualidades e de poderes. Também premiei a todos com uma quantidade de liberdade para que utilizassem esses poderes como achassem conveniente. É fazendo isso funcionar que se aprende. A experiência é a melhor de todas as escolas, embora não seja algo fácil de adquirir. Por mais que alguém diga que o fogo queima, você só saberá o que é uma queimadura se, por exemplo, queimar os dedos.

Em seu sentido amplo, a questão é: por que o Onipotente, Todo-amoroso Deus, por intermédio de Seus Avatares — Rama, Krishna, Buda, Jesus, Sai Baba e outros —, não elimina o sofrimento e as condições adversas do cenário humano? A resposta é que Deus dotou o ser humano de livre-arbítrio. Só permitindo que as pessoas exercitem essa liberdade de ação é que elas aprenderão. É preciso aprender com a dor e o sofrimento infligidos a si mesmo. Se, por decreto divino, o ser humano fosse protegido das adversidades, jamais aprenderia as lições necessárias para se elevar espiritualmente ao patamar de Homem de Deus, à Perfeição do Próprio Deus, que é seu destino.

Outra questão que por vezes ouvimos é esta: "Por que Sai Baba não se revela ao mundo em toda a sua glória, esplendor e magnificência para que, dessa forma, não haja mistério sobre sua identidade, para que todos na Terra possam conhecê-lo como um Avatar?"

Sri Aurobindo nos deu a resposta quando disse que a infinita presença, em todo o seu irrestrito esplendor, seria esmagadora para a pequenez singular do limitado indivíduo.

O Dr. V. K. Gokak, que assimilou as culturas tanto do Oriente quanto do Ocidente, e passou um período sob o mesmo teto que Sai Baba, escreve: "A forma transcendente e universal do ser é uma fonte de poder e uma sublime visão para o espírito liberto, mas para o homem normal ela é esmagadora, estarrecedora e incomunicável." Contudo, ele diz: "Perceber a forma humana do Avatar como meramente humana é não compreender a associação do humano ao divino na manifestação."

Mas o olhar atento consegue perceber a presença do Avatar no corpo humano. Sobre isso, o Dr. Gokak escreve: "A pessoa vislumbra isto no sorriso encantador e no brilho sobrenatural no semblante do Avatar, em seus miraculosos feitos e em sua aura de Luz."

Escrevendo sobre o Senhor Krishna em seu *Bhagavata Vahini*, Sai Baba diz: "O menor ato dele (de Krishna) era saturado de suprema doçura. Mesmo os sofrimentos que ele infligia às pessoas que queria punir eram doces. Ninguém sentia a menor raiva dele [...]. Isso por causa de *Prema*, a tendência oculta do amor que motivava todas as suas palavras e seus atos."

Pela minha experiência com Baba e seus seguidores, sinto que essas palavras se aplicam igualmente a Sai Krishna, isto é, a nosso próprio Swami. Podemos perceber a doçura sob o semblante severo que ele, às vezes, apresenta; o amor subjaz à sua ocasional expressão de raiva. Descobrimos que o verdadeiro amor precisa ter seu facão afiado, já que às vezes cortes dolorosos são necessários para um crescimento saudável.

Existem devotos de Sai no Ocidente que acreditam que o Avatar Sathya Sai é o esperado conquistador da visão apocalíptica de São João, tal como é transmitido no Apocalipse do Apóstolo São João. Como todas as visões situadas além do espaço-tempo, o Apocalipse tem uma linguagem simbólica. Portanto, ele tem recebido diversas e diferentes interpretações. Mas, em geral, seu tema é o retorno do Homem Divino, o Avatar, que conquistará as forças maléficas e restabelecerá o Reino de Deus.

Em determinado trecho, São João escreve: "Eu vi os céus se abrirem, e eis que surgiu um cavalo branco; e o que estava montado sobre ele chamava-se Fiel e Verdadeiro, e ele julga e peleja com justiça" (Ap 19,11).

Em seu livro *The Hidden Manna*,* Patrizia Norelli-Bachelet tenta interpretar o Apocalipse segundo a astrologia cósmica e a linguagem do zodíaco, que, para ela, era compreendida pelos iniciados de antigamente. Ela diz que o Conquistador é, na verdade, o Kalki Avatar,** que é representado em um cavalo branco nos Puranas Hindus.

Swami não declarou que é o Kalki Avatar, mas em sua presença as pessoas têm tido visões daquele evolucionário Avatar, montado em um cavalo branco.***

O Conquistador do Apocalipse, segundo a interpretação de Norelli-Bachelet, é uma encarnação de Skanda (Subramanian), o filho de Shiva. Sai Baba é considerado, por alguns de seus seguidores, um Avatar do Próprio Shiva. Mas eu já ouvi Swami dizer que realmente não há diferença entre as várias formas do Divino. Nós dividimos Deus em muitas Deidades — Shiva, Vishnu, Brahma, Subramaniam, e assim por diante —, mas são apenas facetas do Um Supremo.

No hinduísmo, esse Um Supremo pode ser chamado Ishwara ou Mahadeva, ou às vezes apenas Shiva. No *Shiva Purana*, Vishnu, o Senhor do aspecto da preservação, diz a Shiva: "Quem é você? Quem sou eu, e quem é Brahma? Suas próprias três partes — você sendo o espírito supremo. Eles são diferentes apenas como

* Patrizia Norelli-Bachelet, *The Hidden Manna*.
** Kalki Avatar é o Avatar da era de Kali Yuga. (*N. do R.T.*)
*** Howard Murphet, *Sai Baba, Avatar: uma nova jornada no poder e na glória*.

criação, sustentação e dissolução [...]. Você é o único brâmane, enquanto nós, em formas atributivas, somos partes de você."*

Quando Shiva é nomeado como o mais elevado Deus-com-forma, uma manifestação do supremo Brahman-sem-forma, o aspecto da dissolução da *Trimurti* (a trindade hindu) é normalmente chamado de *Rudra*. Então temos Brahma (Criação), Vishnu (Sustentação) e Rudra (Dissolução) — o três-em-um, com Shiva representando todos.

Skanda, filho de Shiva, é apenas outro aspecto do Um. Esse aspecto não está absorto em meditação — como a Forma de Shiva é frequentemente representada —, mas é muito ativo no mundo, estando na linha de frente da grande batalha contra as forças do mal.

Também é significativo o fato de que, no *Shiva Purana*, Brahma, conversando com os deuses, diz: "Para seu bem-estar, o próprio Shiva está aqui na forma de seu filho."** Ou, para dizer isso de outro modo, Shiva tomou o ativo e dinâmico aspecto normalmente representado por seu filho, Skanda.

Patrizia Norelli-Bachelet acredita que os Puranas Hindus são revelações cósmicas que contêm os ciclos e as manifestações da verdade divina em suas escrituras, e que as histórias Purânicas confirmam o Apocalipse de São João.

Não há dúvida, naturalmente, de que Sathya Sai Baba é muito ativo e inspirador. Ele não é um iogue absorto em meditação. É essencialmente o agente, aquele que trava batalha com

---

* *Shiva Purana,* 2 volumes, editado por J. L. Shastri.
** *Ibidem.*

as forças do mal que se erguem bruscamente contra o poder da Luz que ele traz.

Baba não negou ser um Avatar de Shiva. Então, será ele Shiva no papel de Skanda, seu filho? Alguns estudantes ocidentais do movimento Sai acham que sim e, portanto, igualam Sai Baba ao Conquistador Apocalíptico, e ao Kalki Avatar. Se eles estiverem certos, podemos, segundo o Apocalipse e os Puranas, contar com violentos conflitos com forças opostas, algumas cataclísmicas lutas mundiais. O Avatar Rama liderou os exércitos de retidão na grande guerra contra as forças demoníacas. O Avatar Krishna foi envolvido no holocausto da Guerra de Mahabharata. As profecias predizem guerras ainda mais terríveis na época de Kalki Avatar e do Conquistador de São João.

Mesmo que as profecias antigas e as visões dos santos estejam corretas, talvez estejamos interpretando-as de forma errada. Na melhor das hipóteses, trata-se apenas de indícios e conjecturas. A linguagem cósmica é uma barreira contra a fácil compreensão e os cálculos certeiros.

Muitas pessoas acreditam que os tempos requerem um Avatar que seja um marco histórico. Mas, se o estabelecimento do Reino de Deus está iminente, ou se é algo para séculos futuros, quem saberá? Nenhum ser humano pode saber ao certo, nem se Baba é o Conquistador das Revelações, ou o Kalki Avatar, ou Aquele que está preparando o terreno para uma futura Encarnação Divina. Apenas o tempo, que elimina os erros de julgamento e as interpretações incorretas, poderá nos dizer isso.

Correm muitos rumores sobre o que Swami teria dito acerca dos assustadores eventos em larga escala e das condições do futuro próximo. Mas, quando eu e os outros que estavam presentes perguntamos sobre essa questão, ele não disse que as guerras cataclísmicas com destruição em massa são iminentes. Alguém também perguntou se ele diria caso soubesse que esses aterrorizantes eventos estavam assomando-se em nossos amanhãs. Uma declaração dessa teria um efeito devastador. Além disso, as expectativas e as poderosas formas-pensamentos de um grande número de pessoas podem ajudar a provocar eventos que não estão necessariamente estabelecidos.

Como saber a que estamos predestinados e a que não estamos? Podemos acreditar, como Shakespeare, que "existe uma divindade que molda nossos fins, esboçando como os alcançaremos". Mas em nosso esboço podemos ocasionar eventos horríveis que não são inerentes ao plano de Deus.

O Grande Dramaturgo, assim como o menor dramaturgo humano, conhece o início, o final e talvez os eventos principais de Seu Drama Cósmico. Mas, como parte de Seu plano, Ele criou personagens com livre-arbítrio. Portanto, não irá movê-los de um lado para o outro como marionetes irracionais. Se isso acontecesse, eles seriam "tolos" personagens sem qualquer interesse e, de mais a mais, Seu propósito de desenvolvimento de caráter não seria atingido. Como os dramaturgos humanos que O seguem, o Grande Dramaturgo Arquetípico cria na alegria, mas também cria, acredito eu, por um propósito.

Se a conclusão da história cósmica é predeterminada (e acredito que seja), existem certas linhas mestras que os personagens devem seguir para que o fim divino possa ser moldado. Durante a apresentação da peça, no entanto, os personagens em desenvolvimento, com seus graus de livre-arbítrio, podem muitas vezes assumir o comando — como fazem os personagens nas histórias dos criadores humanos.

Desentendimentos, problemas, lutas, batalhas, sofrimentos e todas as misérias das quais a carne é herdeira são ocasionadas por armas humanas, como o desejo cego, o egoísmo, a ambição, a ânsia por emoções, o medo, o ódio e a ignorância.

Será que o Grande Autor sabe o que Seus rebeldes personagens farão em cada situação — que fantásticos truques farão elegantemente trajados de "pequenas autoridades"? Os anjos da guarda frequentemente lamentam as tragédias que atraímos para nós mesmos, mas será que o Autor sabe de antemão todos os eventos que vão tomar forma no vapor do caldeirão fervente da humanidade? Talvez. Talvez não.

Mas os personagens no drama são, na verdade, Suas próprias crianças, derivadas de Sua substância divina. Eles se tornarão mais sábios e mais fortes com as lutas que criam para si no grande drama da vida. Deus ama a todos — cada um, individual e coletivamente — como Swami demonstra. No final, no cair do pano, Ele levará todo o elenco de volta a Seus Pés — ao Ser divino em toda sua consciência e bênção eterna.

A analogia com o dramaturgo humano pode nos ajudar a vislumbrar, a entender um pouco, pois, como os ocultistas dizem, "assim como é em cima, é embaixo". A verdade de tudo isso — vida, humanidade, o universo, Deus — ultrapassa o limitado universo das palavras. No entanto, em cima e embaixo estão estreitamente entrelaçados, como o poeta Tennyson percebeu ao colher a pequena flor de um muro rachado: "Se eu pudesse compreender o que você é, inteiramente, sob todos os aspectos, eu saberia o que Deus e o homem são."*

---

* Alfred Lord Tennyson, de um poema intitulado "Flores em um Muro Rachado", em *The Oxford Dictionary of Quotations*.

Se não sabemos quem somos, como Baba ressalta, como poderemos conhecer o mistério de Deus e do Homem Divino? "Ninguém pode compreender o mistério; o melhor que você pode fazer é mergulhar nele. É inútil discutir os prós e os contras; mergulhe e conheça a profundidade; prove e conheça o gosto." Se você não conseguir descrever a profundidade ou o gosto, não tem importância. Você pode experienciá-los e a alegria que eles proporcionam.

Então, quando tiver buscado e encontrado o Reino de Deus com sua Verdade, Pureza e Amor, quando tiver sido realmente batizado nas águas da experiência, "você não precisará nem rezar a mim para que eu lhe conceda isto ou aquilo", diz Swami, "tudo será acrescentado a você, espontaneamente".

CAPÍTULO 15

Olhar em seu rosto

Este capítulo final é uma resposta às questões feitas frequentemente por pessoas que estão planejando sua primeira tentativa de ir ver Sri Sathya Sai Baba em pessoa. Para os ocidentais, em particular, parece haver bastante mistério e muitos problemas envolvendo a operação de ir visitar um grande professor espiritual na Índia. Eles precisam de permissão? E quanto à viagem, acomodações, comida, roupas? Qual é a melhor época para ir? Quanto tempo ficar? Onde estará Swami? Eles o verão? Conseguirão uma entrevista? Essas são as questões principais, por isso vamos responder a elas uma a uma.

Eu preciso de permissão? Como um Avatar, Sri Sathya Sai Baba é o Professor de toda a humanidade, e o Sadguru de todos que estão prontos para receber sua instrução espiritual.

Entretanto, disse que ninguém vai a ele a menos que ele os chame. O chamado não é algo que você recebe pelo correio ou por um mensageiro. É um chamado interior do espírito. Se você tem um forte impulso de ir ver Sai Baba, é provável que já tenha recebido esse chamado interno. Isso deve significar também que você está pronto, ou no caminho para tornar-se pronto, para receber o que ele tem a lhe oferecer.

Contudo, parece que às vezes o chamado vem, e você faz o contato no plano físico antes que esteja conscientemente pronto. Talvez ele o tenha chamado antes que você ouvisse, antes que sua alma adormecida fosse agitada, como um hinista do chamado divino.

É por isso que algumas pessoas são indiferentes ou resistem completamente a Sai Baba no primeiro encontro. Mas, quando essas pessoas lhe dão uma chance justa, a porta interior se escancara e a Luz do Amor vem em grande quantidade. Falo por experiência própria.

No plano exterior, entretanto, você não precisa de permissão escrita ou verbal para visitar um dos *ashrams* de Baba na Índia.

Onde é provável que ele esteja quando eu for? Seu *ashram* principal é Prasanthi Nilayam, bem ao lado da aldeia de Puttaparthi, que fica no estado de Andhra Pradesh, a pouco mais de 100 quilômetros pela estrada ao norte da cidade de Bangalore. Ele tem uma segunda residência chamada Brindavan perto de Whitefield, onde ele dá *darshan*. Fica perto da estação ferroviária, alguns quilômetros ao leste de Bangalore, na linha principal para Madras.

Baba passa a maior parte do tempo em um ou outro desses dois lugares. É provável que ele fique mais em Prasanthi Nilayam, seu *ashram* principal, do que em Brindavan.

Ocasionalmente, ele sai em excursão a outras partes da Índia, mas nunca, até o momento em que escrevo isto, passou mais de duas ou três semanas longe de uma de suas residências.

Você pode descobrir onde ele está atualmente por intermédio do escritório de relações públicas em Prasanthi Nilayam, distrito de Anantapur, Andhra Pradesh, Índia. Mas saber onde Sai Baba estará no futuro é impossível. Ninguém, nem mesmo sua própria sombra, sabe.

Portanto, sempre existe a possibilidade de ter de esperar um tempo para vê-lo. Como Bangalore tem referência com ambos os lugares, você pode esperar confortavelmente na cidade, ou em Prasanthi Nilayam, onde, de alguma estranha forma, você estará aprendendo enquanto espera.

E quanto a viagem, acomodações e comida? De Bangalore, você pode ir para Prasanthi Nilayam de ônibus, carro ou táxi. De ônibus é barato, mas leva mais ou menos cinco horas e, embora seja uma experiência interessante, não é confortável. Os táxis fazem a viagem de Bangalore até Prasanthi Nilayam em pouco mais de três horas. Atualmente, a estrada é asfaltada por quase todo o caminho.

Para acomodar os visitantes, muitos blocos de edifícios foram construídos — e ainda estão sendo construídos — em Prasanthi Nilayam. Há uma taxa nominal para ficar nesses edifícios referente aos custos de eletricidade e limpeza.

Embora tenha água corrente, banheiro e chuveiro em todas as unidades, só algumas são mobiliadas; portanto, é bom levar saco de dormir, lençóis e cobertor. Algumas pessoas levam uma mala com um pequeno colchão, outras levam colchões pneumáticos, e há ainda quem leve cama de armar de lona. De qualquer forma, existe alguma rudeza no *ashram*. Ninguém deve chegar lá esperando um estilo de conforto e amenidades ocidentais.

Quando não há acomodações disponíveis no *ashram*, os visitantes conseguem achar quartos, com mobília primitiva, em um dos pequenos hotéis no bazar fora das paredes do *ashram*.

A única época difícil para encontrar acomodações é durante os grandes festivais. Os dois que ainda são celebrados em Prasanthi Nilayam são o Dassera e o aniversário de Swami. O primeiro acontece durante alguns dias de outubro, e a data de seu início depende das fases da lua.

O segundo normalmente começa uns dias antes do próprio dia do aniversário de Swami, que é 23 de novembro. Na maioria das vezes, as celebrações se constituem em uma conferência sobre a Índia, ou sobre qualquer outra parte do mundo, e continua por alguns dias após essa data. A experiência mostrou que, durante qualquer grande festival em Prasanthi Nilayam, os quartos disponíveis lotam imediatamente, e milhares de pessoas dormem no chão, ao ar livre.

Refeições vegetarianas, com estilo indiano e de baixo custo, podem ser feitas na cantina do *ashram*. Algumas pessoas preferem comprar vegetais no bazar e preparar suas refeições em fogareiros a querosene, ou outros tipos de fogareiros portáteis, levados para esse fim. Por outro lado, alguns visitantes optam por fazer suas refeições no bazar, em um dos pequenos restaurantes. Alguns poucos estão começando a atentar para o paladar ocidental.

Quando Sai Baba está em Brindavan, Whitefield, a maioria dos visitantes fica em hotéis, em Bangalore, deslocando-se todos os dias para ir vê-lo. Existe uma ampla variedade de hotéis, desde os de padrão internacional até os lugares mais modestos e econômicos.

Embora Brindavan fique bem perto da estação ferroviária de Whitefield, poucos trens de Bangalore param lá. Os ônibus que passam pelo *ashram*, embora sejam frequentes, ficam superlotados. Por isso, muitos visitantes fazem a viagem de Bangalore até o *ashram* de táxi. Alguns costumam dividir um táxi, que os espera em Brindavan até depois do *darshan* de Swami, e depois os leva de volta a Bangalore. Como o custo é dividido entre alguns passageiros, não fica muito alto.

Entretanto, visitantes que não querem ter despesas com taxas de hotel e de táxis encontram acomodações, normalmente simples e primitivas, na aldeia vizinha chamada Kadugodi, ou nas casas que ficam do lado de fora dos muros de Brindavan. Alguns ficam na pequena cidade de Whitefield, um pouco distante para ir a pé até Brindavan; os ônibus não são frequentes e normalmente não há táxi disponível.

Que tipo de roupa levar? Roupas leves de verão são necessárias para a peregrinação ao encontro de Sai Baba. Nunca soube que fizesse frio o bastante para que fosse preciso usar roupas de inverno nem em Bangalore nem em Puttaparthi.

As senhoras que vão ao *darshan* de Swami normalmente usam saris. Mas algumas ocidentais, que não se adaptam a esse tipo de vestimenta, usam saias longas, alcançando os tornozelos, ou cafetãs, que podem ser encontrados no local. Ao visitar o Avatar, é essencial vestir-se com modéstia.

Os homens acham mais confortável vestir calças leves e uma camiseta, feita de algodão ou de fibra de algodão sintético. As facilidades de lavanderia são adequadas e relativamente baratas, e as roupas brancas são as preferidas da maioria das pessoas porque, além de frescas, são as mais apropriadas para a ocasião. As pessoas raramente usam casacos, embora seja aconselhável ter um cardigã ou um pulôver para vestir à tardinha nos meses mais frios.

Quanto tempo é aconselhável ficar? Ao fazer a longa viagem, vindo do estrangeiro ou de partes longínquas da Índia, os visitantes deveriam, se possível, permanecer pelo menos algumas semanas. Precipitar-se numa visita de apenas um ou dois dias não proporcionará a chance de conquistar a experiência divina, a mudança interior, a elevação do coração e da mente que o Avatar pode lhe proporcionar. Aqueles que vão para uma curta visita, apenas por curiosidade, podem sair dizendo que não viram nada além de um homem com uma túnica vermelha e uma coroa de espessos cabelos negros. Mas certamente não é por essa razão que você vai até lá.

Swami pode encurtar sua estada, dizendo-lhe quando deve partir, ou, ao contrário, pode mantê-lo por lá por mais tempo do que você planejava ficar. Ele sabe bem quanto tempo você precisa ficar em Sua presença para adquirir o que é capaz naquele momento. Então, a um sinal dele, esteja preparado para ir embora ou ficar mais tempo, se suas circunstâncias pessoais assim o permitirem — e geralmente elas permitem.

Atitudes e entrevistas

Vá a Sai Baba cheio de esperanças, mas sem expectativas definidas. Os benefícios que você recebe do contato divino são quase sempre bastante diferentes daquilo que você espera. Não vá esperando ser chamado para uma entrevista. O número de pessoas que vão a Swami, de todas as partes do mundo, cresceu tanto que entrevista pessoal agora é algo raro.

Baba passa muitas horas de seus longos dias de trabalho dando entrevistas a grupos. Esses grupos podem ser formados por pessoas que viajaram juntas para lá, vindas de algum lugar em particular, ou por alguns indivíduos da multidão que Baba levou para sua sala de entrevistas. Depois de conversar com todos juntos por um tempo, ele pode ou não conduzir alguns a outra sala para um aconselhamento ou ajuda particular.

Só Swami sabe por que chamou aqueles indivíduos para uma entrevista. Muitas pessoas têm teorias excêntricas sobre a questão, mas apenas Swami sabe a resposta. Como ele vê o passado das pessoas e seus problemas do presente se estendendo para o futuro, apenas o Senhor Sai sabe quando uma entrevista é necessária e quando ela será mais benéfica ao bem-estar tanto temporal quanto espiritual de determinada pessoa. Às vezes, uma entrevista pode se mostrar desnecessária e, até mesmo, algo desfavorável.

Um ávido e jovem buscador ocidental permaneceu na fila do *darshan* por muitos meses sem ser chamado para uma entrevista. No fim, ele começou a perceber isso como uma bênção: "Quando Swami subitamente surge em sua túnica laranja-avermelhada, flutuando em nossa direção para nos dar *darshan*, meus cabelos ficam em pé. Para mim, é o próprio Deus se aproximando. Talvez, se Swami me levasse para uma entrevista, eu visse o lado humano dele e perdesse aquela maravilhosa experiência de *darshan*."

Quando certa jovem da Austrália, depois de esperar por várias semanas na multidão, não foi chamada para uma entrevista, as pessoas que a conheciam se surpreenderam. Achavam que ela era tão superespiritual que Swami a chamaria imediatamente. Mas eis seu próprio comentário: "Sai Baba é meu Mestre — como tal, Ele saberá se e quando vou necessitar de uma entrevista. Portanto, deixo isso inteiramente por Sua conta."

Esta é certamente a atitude mais sábia que todos deveriam praticar. Evidentemente, é humano e natural que as pessoas desejem ter um contato mais pessoal em uma entrevista. Mas dar muita importância a isso pode acarretar resultados improdutivos e não espirituais. Ao penetrarmos nos níveis mais inferiores da mente, podemos nos deparar com a inveja e o ciúme dos outros, um sentimento de insegurança e rejeição, uma tendência a criticar e a não gostar daqueles que Swami chama antes de nós.

Certamente não vamos até Sai Baba para vivenciar sentimentos tão familiares e nocivos! Na verdade, no caminho espiritual, estamos nos empenhando para erradicá-los. Mesmo assim, eles surgem, como água em um barco furado.

Bob Najemy, de Atenas, Grécia, conta como ele usava seu tempo de espera por uma ansiada entrevista para transcender sentimentos e atitudes negativos.* Um de seus métodos consistia em cultivar deliberadamente o sentimento contrário. Ele substituía, por exemplo, a inveja e suas primas pelo amor às pessoas às quais esses sentimentos se dirigiam, sentindo-se feliz pela boa sorte delas.

---

* Ver *Sanathana Sarathi*, dezembro, 1979. É uma revista publicada no *ashram*.

Com frequência, parecia que Swami o estava ajudando nesta batalha ao escolher, de forma deliberada, as pessoas que Bob acabara de criticar mentalmente. O choque fazia com que ele se lembrasse do ensinamento de Sai de que todos os seres são formas de Deus. Quando ele se sentia inseguro ou rejeitado por ter sido ignorado pelo Grandioso, lembrava-se da mensagem: "Todos nós somos personificações do Divino *Atma* e não a mente insegura." Segundo ele, isso o ajudou a transpor consideravelmente sua dependência da Forma e a reafirmar sua própria aprovação do *atma*.

Essa importante lição, aprendida com o sentar e esperar, ajudou Bob a fazer um valioso exame de consciência e a desenvolver a paciência, a equanimidade e o desapego. Acima de tudo, ele começou a perceber cada vez mais a grande verdade que todos os buscadores devem aprender para ir além da Forma e encontrar o Senhor em seu próprio coração. Ele conclui: "Em breve, Baba será tão conhecido como um Avatar que talvez as entrevistas — e até os *darshans* — não sejam mais possíveis. Levando isso em consideração, cada um de nós se beneficiaria, concentrando-se mais na natureza espiritual onipresente de Baba como nosso próprio ser interior. Por meio do *japa*, da meditação e da entrega de cada ato a Ele, podemos ter entrevistas periódicas por toda a vida."

Então, que nunca estraguemos a alegria de estar perto do Senhor com as frustrações e os conflitos internos que fazem parte do "complexo de entrevista". Deixe-nos lembrar, em calma e meditativa paciência, que grandes — talvez os maiores — benefícios podem chegar a nós pelo inexplicável contato interno do *darshan*. Muitos descobriram isto.

Ao descrever o *darshan* de Sai e seus efeitos sobre ela, Murali Engels, da América, escreve· "Ele me ignorou completamente. Ou melhor, ele me ignorou por fora, pois interiormente fui docemente preenchida só pelo fato de vê-lo tão de perto. Eu estava olhando a face suave do Amor." E em outra situação: "Swami passou quietamente, circundou a árvore e voltou pelo pátio de Sua casa. Fechei os olhos. Seu rosto, Seus cabelos, Sua forma ainda estavam na minha frente. Só a visão Dele já era suficiente. Não quis me mover ou abrir os olhos por algum tempo. No caminho para casa, no táxi, eu não podia falar. Só podia mergulhar na doçura em que Ele me envolvera.

"Ao chegar em casa, subi as escadas até meu pequeno quarto, grata por não ter de falar com ninguém por mais duas horas. Deitei-me na cama, novamente perdida no amor de Deus."*

Mesmo quando Swami parece estar nos ignorando, ele nos vê. Acredito que ele vê todos que estão no *darshan*. E seu Amor se estende a todos.

O momento, o momento certo, pode ser quando ele olhar dentro de seus olhos, sorrir, ou talvez falar. É quando muitos choram de felicidade. Ninguém pode explicar essa comovente onda de bênção que passa através deles.

Se, sem esperar por isso, você for convidado para a sala de entrevistas, considere isso um bônus. Com certeza, é um evento importante, mas não é necessariamente o mais importante do caminho espiritual de Sai.

---

* Extraído de um livro sem título escrito por Murali Engels em forma de manuscrito.

O que vemos e vivenciamos na Presença, na entrevista ou em qualquer outro lugar, só vai depender de nós e do trabalho que tivermos feito em nós mesmos, pois, como Jesus certa vez disse: "Abençoados os puros de coração, pois eles verão a Deus."

APÊNDICE A

Fundamentos da teosofia

Três propostas fundamentais situam-se na base da teosofia. Ver o prefácio de *A doutrina secreta*, de H. P. Blavatsky.

1. Um onipresente, eterno, ilimitado e imutável Princípio, no qual qualquer especulação é impossível, uma vez que transcende o poder da concepção humana, e só poderia ser diminuído por uma expressão humana ou símile. Está além da esfera e do alcance do pensamento — nas palavras de Mandukya, "inconcebível e indescritível".

Essa infinita e eterna Causa é a raiz infundada de "tudo o que foi, é e será". É evidente que ela é desprovida de atributos e não tem essencialmente relação alguma com o manifesto ser finito. Ela é "Não Ser" mais do que Ser, e está além de qualquer pensamento ou especulação.

2. A eternidade do universo *in totum* é um plano vasto; periodicamente, o "playground de inúmeros universos se manifes-

tando sem parar e desaparecendo", chamado de "as estrelas evidentes" e de as "centelhas de eternidade".

A aparição e o desaparecimento dos mundos são como uma regular maré vazante de fluxo e refluxo.

3. A identidade fundamental de todas as almas com a Alma Total Universal — a última sendo ela mesma um aspecto da Desconhecida Raiz — e a peregrinação obrigatória de cada alma através do ciclo da encarnação (da "Necessidade"), de acordo com a Lei Cármica e Cíclica durante todo o período.

Em outras palavras, nenhuma alma divina pode ter uma existência (consciente) independente antes de a centelha que resultou da pura Essência da Alma Total ter (a) passado por cada uma das formas elementares do mundo fenomenal de Manavantara e (b) adquirido individualidade, primeiro por impulso natural e depois por autoindução e esforço planejado (checado por seus carmas), ascendendo, assim, através de todos os graus de inteligência, do mais baixo ao mais elevado dos *manas*, do mineral e vegetal até o mais sagrado angelical (Dhyani-Buda).

Um resumo da Filosofia Perene

Embora os conceitos e insights da Filosofia Perene existam desde os tempos imemoriais, o termo em si veio do filósofo Leibniz, que criou a frase *Philosophia Perennis*. Seus conceitos são o que há de comum e mais elevado nas teologias das principais religiões, embora sua expressão se torne embaçada e obscurecida com o passar do tempo. Rudimentos da Filosofia Perene são encontrados na tradicional doutrina dos povos primitivos em todas as partes do mundo. De tempos em tempos, os insights místicos e as experiências de revelação trazem de volta à humanidade uma integral e pura declaração desta sabedoria eterna. As ideias e a compreensão básica da Filosofia Perene podem ser resumidas como segue:

1. Existe uma Realidade eterna e imutável atrás deste mundo efêmero de aparências, deste sempre-mutável e fenomenal universo à nossa volta. A Realidade Eterna recebeu, ao longo dos séculos, várias designações de diversos Professores: Brahman, o Ente Supremo, Deus-sem-forma, o Espaço Divino, o *Vazio-plenum*, a Clara Luz do Vácuo, o Absoluto, o Nirvana, dentre ou-

tros. Mas, seja lá como for nomeada, a una e única Realidade pode ser diretamente experienciada e percebida pelos seres humanos — sob certas circunstâncias.

Embora essa Realidade infinita não possa ser demarcada nos contornos da personalidade finita, ela tem um aspecto pessoal que é manifestado, por exemplo, na Trindade de Pessoas Sagradas nas teologias cristã e hindu.

Temos certa tendência a pensar nas coisas que percebemos com nossos sentidos como reais, embora saibamos, ou sintamos, que elas são apenas partes de um constante fluir. Através das longas perspectivas de tempo, todas as coisas têm apenas uma realidade relativa, e esta realidade parcial existe dentro e por causa desta Realidade Absoluta que as envolve.

2.   Os seres humanos são parentes da Realidade. Além de envolver todas as coisas, Ela é inerente em tudo, incluindo a humanidade. Somos, por nossa natureza, capazes de discernir esta Realidade. Podemos aceitar isso por inferência de nossas experiências internas e também das experiências dos outros, quando a margem do Desconhecido é tocada, por assim dizer. Mas só podemos perceber e experienciá-la completamente por meio de uma faculdade espiritual além da mente racional, além dos limites do mais intenso e profundo pensamento abstrato. Esta forma de conhecimento, da qual as pessoas são capazes, é chamada unitivo ou conhecimento intuitivo, que nos traz uma percepção direta da nossa união individual com o espaço Divino do nosso Ser.

3.   As pessoas, na consciente existência diária, estão centradas no ego inferior. Esse centro é, de fato, aquele a que nos referi-

mos quando dizemos "Eu", "Mim" e "Meu". Mas isso é apenas um centro temporal, não nosso verdadeiro Ser eterno, que é, de alguma forma, parte da Realidade Una.

Descobrir o centro verdadeiro e tornarmo-nos conscientemente identificados com ele é o propósito de nossa existência neste mundo. Mas a descoberta do Ser não é uma tarefa fácil, pois os seres humanos se tornaram profundamente imersos na ilusão e na ignorância. Isso requer rigorosos e constantes esforços, dirigidos à aniquilação do egoísta ego inferior. Quando esse falso ser é completamente aniquilado — ou mudado e transmutado para o Ser real —, as pessoas alcançam o estado de renascimento espiritual — um estado conhecido como libertação, salvação, redenção, resgate, iluminação, fusão com Deus e por outros nomes.

Os nomes podem dar apenas uma ligeira sugestão da natureza daquele estado de absoluta bem-aventurança no fim da distante viagem à "terra que não está em lugar nenhum", o verdadeiro lar espiritual.*

---

* Para um relato mais detalhado da Filosofia Perene, ver Capítulo 7 de *Sai Baba, Avatar*, escrito, por Howard Murphet. E para um relato completo com uma valiosa antologia de escritos sobre o assunto ver *A Filosofia Perene*, escrita por Aldous Huxley.

A essência do Vedanta

Os *Upanishads* nos *Vedas* não contêm um sistema ordenado de ensino. A necessidade de sistematizar os ensinamentos deu origem aos *Vedanta Sutras* (ou *Brahma Sutras*). Mas esses breves aforismos permitiram diferentes interpretações e, ao longo dos tempos, os comentaristas têm dado interpretações que concordam em alguns pontos e diferem em outros.

Então, existem várias escolas de pensamento baseadas nos *Vedanta Sutras*. As três principais são *Adwaitha*, *Visishta Adwaitha* e *Dwaitha*.* *Adwaitha*, ou monismo, foi interpretada por Adi Shankara. *Visishta Adwaitha*, ou limitado não dualismo, está contido nos comentários de Ramanuja, e a terceira escola, *Dwaitha*, ou dualismo, saiu das interpretações de Madhava.

Todas essas escolas concordam que Brahman (o Absoluto Espiritual) existe, e de alguma forma é a causa básica do universo. Elas também concordam que o conhecimento de Brahman,

---

* Também podemos escrever respectivamente *advaita*, *vishishttha advaita* e *dvaita*, sendo mais exato foneticamente. (*N. do E.*)

que não pode ser adquirido pelo raciocínio, leva o indivíduo à emancipação individual, ou liberação, que é o objetivo final de cada ser. Entretanto, elas divergem, consideravelmente, sobre a natureza de Brahman e sobre o relacionamento entre a alma individual e Brahman.

Shankara declara que Brahman é sem atributos, e que todos os Deuses-com-forma, incluindo Iswara, a forma manifesta mais elevada de Brahman, são os frutos de *maya* (ilusão). O universo, diz ele, é também uma transformação aparente, através de *maya*, do Brahman sem atributos. A alma individual é, na realidade, todo-penetrante e idêntica a Brahman. O conhecimento (*jnana*) é o meio para a libertação.

Na interpretação de Ramanuja, Brahman tem uma aparência pessoal, com infinitos atributos agradáveis. As almas individuais são modos ou efeitos de Brahman, mas viveram na eternidade, e continuarão a viver assim. Ao conhecer Brahman, a alma vai para *Brahmaloka* (o plano mais alto), de onde alcança Brahman e não retorna ao mundo mortal. O mundo tem uma realidade relativa, e não é um resultado de *maya*. *Bhakti*, diz Ramanuja, e não *jnana*, é o meio principal para a liberação.

No dualismo de Madhava, Brahman é um Deus Pessoal com atributos divinos. Ele e as almas individuais são entidades eternas bastante independentes. Brahman é o Criador das almas e do universo, que é real, e não uma projeção de *maya*. O meio para a liberação individual é *bhakti*. Falando sobre essas três escolas de Vedanta, Sai Baba diz:

O monismo, como apresentado por Shankara na base dos textos Vedânticos, foi uma solução muito simples para satisfazer os anseios da maioria dos indivíduos. Eles tinham neles o desejo ardente de louvar, de se dedicarem ao poder mais elevado; eles não podiam compreender facilmente a verdade de sua realidade interior sendo Uma e Única. Suas emoções e atividades tiveram de ser sublimadas por disciplina e devoção.

Então, Ramanuja comentou sobre os textos Védicos e sobre as escrituras religiosas, partindo de um novo ponto de vista. Isso fez *Adwaitha* adotar uma perspectiva especial. Portanto, ela foi chamada de *Visishta Adwaitha* (monismo especial). O caminho da devoção (*bhakti*) foi formulado para levar o homem à fusão com Deus.

A entrega completa e (a) aniquilação da individualidade estão também acima da capacidade da maioria dos aspirantes. O açúcar não pode ser provado e apreciado pelo próprio açúcar; você tem de ser uma formiga para deleitar-se na doçura do açúcar. Madhava, que tentou satisfazer o desejo do homem, declarou que o indivíduo permanecerá separado do Universal, e que não pode haver fusão alguma.

Em *Adwaita* um lampejo de iluminação intelectual revelou que o *atma* (espírito) existe por si só, e que tudo mais é ilusória aparência. *Visishta Adwaitha* ressalta que o rio é uma parte integral do mar. *Dwaitha* destaca que a pureza, que deriva da adoração e do louvor, é suficiente para fazer baixar a graça plena de Deus.

As doutrinas extraídas dos *Upanishads*, embora possam parecer contraditórias, na verdade não o são. Elas são tentativas de

expressar verdades que estão situadas além das distinções intelectuais que pertencem ao mundo dos opostos. As várias com-
preensões, como expressas nas diferentes escolas de Vedanta,
são verdades relativas que se adequam às pessoas em diferentes
estágios de evolução espiritual.

Sobre esse mesmo tema, Swami Vireswarananda escreve:
"Quase todos os capítulos nos *Upanishads* começam com um
ensinamento dualista [...] e terminam com um magnífico flo-
rescimento de *Adwaitha*. Deus é ensinado primeiro como um
ser que é o Criador do Universo, seu Preservador, e a Destruição, para a qual tudo se destina. Ele é o Um para ser louvado, o
Soberano, e parece estar fora da natureza. A seguir, descobrimos
o mesmo professor ensinando que Deus não está fora da natureza, mas é inerente a ela. E, por fim, ambas as ideias são descar-
tadas, e é ensinado que qualquer coisa que seja real é Ele. Não
existe diferença [...]. O Um Inerente revela, por fim, ser o mesmo que está na alma humana."*

---

* Ver *Introdução aos Brahma-Sutras*, por Swami Vireswarananda.

Bibliografia

Se você não conseguir encontrar os livros listados a seguir nas livrarias locais, escreva para Sathya Sai Book Center of America, 305 West Ist St., Tustin, CA 92680.

Arnold, Sir Edwin. *The Light of Asia*. Londres: Kegan Paul, Trench, Trubner, 1938.

Balu, Shakuntala. *Living Divinity*. Londres: Sawbridge, 1981.

Blavatsky, Madame H. P. *The Secret Doctrine*. Londres: Theosophical Publishing House, 1893.

Devi, Indra. *Sai Baba and Sai Yoga*. Nova Delhi, Índia: Macmillan, 1983.

Fanibunda, E. B. *The Vision of the Divine*. Bombaim, Índia: Fanibunda, 1976.

Gosnel of Sri Ramakrishna. Traduzido por Swami Nikhilananda. Hollywood, CA: Vedanta Press.

Happold, F. C. *Mysticism*. Nova York: Viking Penguin, 1963.

Healers and the Healling Process. Editado por George W. Meek. Wheaton, IL: Theosophical Publishing House, 1977.

Huxley, Aldous. *A Filosofia Perene*. São Paulo: Círculo do Livro, 1990.

Kanu, Victor. *Sai Baba, God Incarnate*. Londres: Sawbridge, 1981.

Kasturi, N. *The Life of Bhagavan Sri Sathya Sai Baba*. Puttaparthi, Índia: Prasanthi Nilayam Press.

_____. *Sathya Sai Speaks*, Volumes 1-11, Discursos de 1953-1982. Sri Sathya Books and Publications, 1962. Prasanthi Nilayam, Anantapur District, A. P., Índia 515134.

_____. *Sathyam, Shivam Sundaram*. Biografia de quatro volumes. Bangalore, Índia: Sri Sathya Sai Publications and Education Foundation. Vol. 1, 1960; vol. 2, 1968; vol. 3, 1972; vol. 4, 1980.

Mason, Peggy e Ron Laing. *Sathya Sai Baba: The Embodiment of Love*. Norwich, Inglaterra: Pilgrim Books, 1987.

Murphet, Howard. *Hammer on the Mountain: Life of Henry Steel Olcott*, 1832-1907. Wheaton, IL: Theosophical, 1972.

_____. *Sai Baba, Avatar: A New Journey into Power and Glory*. San Diego, CA: Birth Day, 1977; Londres: Grafton Books, 1985.

_____. *Sai Baba: Man of Miracles*. York Beach, ME: Samuel Weiser, 1992.

_____. *When Daylight Comes: Biography of Helena Petrovna Blavatsky*. Wheaton, IL: Quest Books, 1975.

Narada. *Narada's Bhakti Sutras*. Madras, Índia: Sri Ramakrishna Math Press, 1972.

Nicholson, Reynold A. *The Mystics of Islam*. Londres: G. Bell & Sons, 1914.

Norelli-Bachelet, Patrizia. *The Hidden Manna*. Accord, NY: Aeon Books, 1976.

O Livro Tibetano dos Mortos. Oxford: Oxford University Press, 1960.

Purnaiya, Nagamani. *The Divine Leelas of Bhagavan Sri Sathya Sai Baba*. Bangalore, Índia: Purnaiya, 1969.

Roberts, Jane. *Seth Speaks*. Englewood Cliffs, NJ; Prentice-Hall, 1972.

Robinson, Dr. e Dr. Ruhela, eds. *Sai Baba and His Message: A Challenge to Behavioral Science*. Nova Delhi, Índia: Vikas, 1976.

Sai Baba. *Sathya Sai Speaks*. Puttaparthi, Índia: Sai Publications, 1958.

Sandweiss, Samuel H. *Sai Baba: The Holy Man and the Psychiatris*. San Diego, CA: Birth Day, 1975.

Shiva Purana. Editado por J. L. Shastri. Delhi: Motilal Banarsidass, 1969.

Sri Aurobindo. *The Hidden Manner*. Pondicherry, Índia: Sri Aurobindo Press.

Swami Vireswarananda. Introduction to Brahma-Sutras. Calcutá, Índia: Adwaitha Ashrama, 1970.

Swamiji, H. H. Narasimha, *Life of Sai Baba*. Madras, Índia: All India Sai Samaj, 1955.

The Oxford Dictionary of Quotations. Oxford: Oxford University Press, 1955.

Sobre o autor

HOWARD MURPHET nasceu na Tasmânia, Austrália, em 1907. Estudou no Colégio de Professores Hobart e na Universidade da Tasmânia. Após servir o Exército Britânico durante a Segunda Guerra Mundial, trabalhou como jornalista *freelance*, uma profissão que lhe possibilitou viajar pela Europa com a esposa. Murphet foi então à Índia para se inteirar da filosofia espiritual indiana e lá conheceu Sai Baba, com quem passou seis anos estudando enquanto continuava escrevendo sobre assuntos espirituais. Quando deixou a Índia em 1970, ajudou a estabelecer a primeira livraria Sai nos Estados Unidos, em Tustin, Califórnia, e retornou logo depois à Austrália para continuar a carreira de escritor.

Entre os livros que Murphet escreveu, estão *Hammer on the Mountain, Sai Baba — O homem dos milagres* e *Sai Baba, Avatar*.

Você pode adquirir os títulos da Editora Nova Era
por Reembolso Postal e se cadastrar para
receber nossos informativos de lançamentos
e promoções. Entre em contato conosco:

mdireto@record.com.br

Tel.: (21) 2585-2002
Fax.: (21) 2585-2085
De segunda a sexta-feira,
das 8h30 às 18h.

Caixa Postal 23.052
Rio de Janeiro, RJ
CEP 20922-970

Válido somente no Brasil.

www.editorabestseller.com.br

Este livro foi composto na tipologia Aldine401 BT,
em corpo 11/15,8, impresso em papel off-white 80g/m²,
no Sistema Cameron da Divisão Gráfica
da Distribuidora Record.